各駅停車

社会学 行

Sociology

武山 梅乗

学文社

はしがき

　本書『各駅停車,「社会学」行』は,これから社会学という学問領域に踏み込んでいく初学者を読者として想定しています.私は,授業を担当する各大学で,主として「社会学」を教えることを生業とする者ですが,それでも,「社会学」とは何であるかを問われ,それに対して明瞭な答えを指し示すことは決して簡単なことではありません.これまで学生から何度も「社会学ってどんな学問ですか?」という質問を受けてきましたが,その質問をしてきてくれた学生に対して十分に納得してもらえる回答を示すことができたのかどうか,正直なところ自信がありません.そこで,私自身ももう一度考えてみようと思いました,「社会学」とは何であるのかを.本書は,そのタイトルが示すように,一駅また一駅と,ゆっくり,そして着実に,「社会学」という終着駅に向かって学習を進めることができるよう,全体が構成されています.この本における10の駅(章)を通過した時,あなたの視界に入るのはどんな「社会学」でしょうか?

　最初の駅(第1章)は,「自我とアイデンティティ」という名前です.この本は「社会」の問題を考えるのに,まず自分とは何かという論点から出発します.第1章(自我とアイデンティティ)と第2章(官僚制とマクドナルド化)では,社会学における2つの対照的な視点,すなわち,「私の中にある社会」と「私の外にある社会」を示したつもりです.第3章以降では,近代家族,コミュニティとネットワーク,国民国家とエスニシティ,社会システムと社会的ジレンマ,ジェンダー,逸脱,消費社会,福祉国家と社会問題という順番で,社会学において,そして現代社会を語る上で重要だと考えられる各駅を通過して「社会学」という終点を目指そうと思います.車窓から見える風景は必ずしも美しく,心地よいものではないかもしれません.また,本書が通過する10の駅(章)が,社会学の主要テーマや基礎理論を網羅しているなどと自惚れてもいません.たとえば,2020年における日本社会を概観する上で欠かすことのできない労働問題や社会階層の問題,メディアやグローバル化といったいくつかのテーマ

がこのテキストからは欠落しています．これはひとえに著者の力量不足であり，その力量不足のゆえに切り取られた不完全な風景から，人間という存在の弱さ，歪さ，そして面白さや愛おしさを読み取ってもらえれば幸いです．

　最後にいくつか感謝の言葉を述べさせてください．私が講義を担当する各大学の学生のみなさん，本当にありがとうございます．あなたたちが私の授業でみせてくれたさまざまな反応（的を得た質問や必ずしもそうでない質問，納得の表情，眉間の皺，ざわめき，熟睡する姿，完璧なレポート，白紙の答案…）がこのテキストのなかに確実にいかされています．また，私の深夜に及ぶ，そして大切な週末の時間も台無しにしてしまう原稿執筆に辛抱強くつきあってくれた妻の彩華にも感謝します．そして何よりも，学文社の田中千津子氏には一方ならぬお世話をいただきました．氏の温かい鞭がなければ，このテキストがこのような形でこの世界に存在することはなかったと思います．心より感謝いたします．

　2020 年 1 月吉日

著　者

目　　次

第1章　自我とアイデンティティ

◆◆キーワード◆◆

自我 (self)　自我とは行動や意識の主体のことであり，自分あるいは〈わたし〉を意味する．人間には生まれつき自我があるのではなく，社会化の過程のなかで自我が形成される．子どもが自我をもつようになることを「自我のめざめ」という．自我は社会から孤立して単独で存在するのではなく，C. H. クーリーのいう「鏡に映った自我」が示すように，他者との関係によって社会的に形成される．また，G. H. ミードの「ミー」の概念に従えば，自我のなかにすでに社会性が確保されているともいえる．

アイデンティティ（identity）　E. H. エリクソンによれば，アイデンティティとは自我の同一性を意味する．すなわち，〈わたし〉あるいは自分の不変性や連続性をあらわす概念がアイデンティティである．アイデンティティもまた自我と同様に社会性をもつ．アイデンティティは重要な他者の承認によって維持され，これを欠く場合，人はアイデンティティ・クライシスという心理的危機に陥る．その意味でも，自分とは社会的な存在であるといえる．アイデンティティ・クライシスは「モラトリアム」の時代である青年期に起きやすい．エリクソンによれば，若者は，自己定義と他者による定義を一致させることでアイデンティティ・クライシスを乗り越え，安定したアイデンティティを確立する．

役割 (role)　役割とは，「医師」や「患者」，「教師」，「生徒」，「母親」といったような社会的カテゴリー（地位）の占有者に周囲が（社会がといってもよいが）期待する望ましい行動様式，すなわち「〜らしさ」のことである．わたしたちは相互行為の相手に対して役割の遵守を期待する（これを「役割期待」という）．

例えば，大学の先生は講義を履修している学生に対して，講義中はおしゃべりをしないこと，よく聞いて理解すること，決して寝たり机の下でケータイメールを打ったりしないなど，学生らしくふるまってくれることを期待している．学生は小中高で嫌になるほど教師からそのことを注意されてきたはずだから学生としてふさわしいふるまいが心に刻み付けられている（内面化）だろうし，学生としてふさわしい行動をとらないと試験で悪い点数を取ったり単位を落としたり，留年したりしてしまうだろう（制度化）．だからわたしたちは結局周囲の役割期待通りに行動するのだというのが社会学の伝統的な考え方である．社会学がモデルとして提示する，そのような「操り人形」のような人間をR.ダーレンドルフは「ホモ・ソシオロジクス」と皮肉たっぷりによんでいる．

ドラマトゥルギー（dramaturgy）　自我は「役割」を通じて社会制度のなかに組み込まれるが，わたしたちは社会からの要請である役割遂行を粛々として受け入れているのではない．わたしたちは役割演技者（パフォーマー）として，観客（オーディエンス）に与える印象を主体的に管理する（「印象操作」）のである．また，時に自分が遂行する役割との間にわざと距離をとることで（「役割距離」），本当の〈わたし〉の存在をほのめかしたりもする．そのように，わたしたちの「相互行為」をパフォーマーとオーディエンスが交互に入れ替わりながら演技をするドラマであるかのように記述しようとするE.ゴフマンのアプローチをドラマトゥルギーという．

1. 〈わたし〉とは何か
（1）自我

　自我（self）とは，自分または自己を意味する言葉であるが，少しだけ難しく定義するなら，〈わたし〉及びそれに同一視されるものであるといえる．フロイト（Freud, S.）の自我心理学の中心概念であるegoの翻訳語としても自我という言葉があてられるが，ここではselfの翻訳語，つまり「自ら考え，自らの意志で行動する主体」を意味する概念に限定して，自我という言葉を用いるこ

とにする.

　さて，人間には生まれつき自我がある訳ではない．赤ちゃんは自ら考え，行動することができない．なぜなら，生まれたばかりの子どもには自我がないからである．後述するが，人間の自我は社会化の過程のなかで形成される（と社会学者たちは考えている）．親の真似をし，言いつけを守っていた子どもは，やがて親の意のままに動かされる存在であることをやめ，自ら考え，自らの意志で行動するようになる．子どもが自我をもつようになることは，一般に「自我のめざめ」という美しい言葉で表現されている．

　金城一紀の直木賞受賞作品である小説『GO』は，絶えず〈在日〉というアイデンティティ（※アイデンティティについては後述する）を暴力的に問いかけられる在日コリアン三世（杉原）を主人公としている．それゆえに『GO』は一貫して自我（あるいはアイデンティティ）の問題を主題とする物語であるともいえるが，次の引用部分では，主人公杉原（僕）の自我のめざめが鮮やかに描き出されている．

　僕は，民族学校で小中一貫教育を受けた．民族学校で教わったのは，朝鮮語と朝鮮の歴史と，北朝鮮の伝説的な指導者，《偉大なる首領様》金日成のことと，あとは日本学校でも教わるような日本語（国語），数学，物理，などなど．／《偉大なる首領様》／民族学校のことを語る上で，この人物を避けて通ることはできない，絶対に．…金日成への盲信的な忠誠心を押しつけられるのを，「なんかおかしい」と思いながらも，それが当たり前のこととして受け入れていた．…でも小学３年生のある日，僕はあることに気づいた．／それは『金日成元帥の少年時代』という授業を受けている最中のことだった．…簡単に言ってしまえば，「金日成元帥は子供の頃からすごかった」ということなのだが，僕はこう思った／「俺たちの物語のほうがすごい」（金城一紀『GO』講談社文庫, 2003 年, 57-60 頁）

　『GO』の杉原（僕）は，学校で教師たちに金日成元帥は偉大であると教えられ，

そのことに対して微かな違和感を抱きもするが，おおむねではそれを諒承していた．親や先生の言うことを無批判のまま受け入れることができるのは，その人に主体性，すなわち自我がないからであるといえる．ところが，ある日の授業で「幼い頃の金日成が，抗日運動の闘士である父親の逮捕のために自分の家にやってきた官憲を，お手製のパチンコに小石をこめて狙撃する」というエピソードを聞くに及んで，杉原はあることに気づく．「なんだ，俺たちのほうがすごいじゃん」と．なぜなら，杉原とその仲間たちは，小学校2年生にしてミニパトを風船爆弾で襲撃し，婦警を泣かせるというような悪事をはたらいていたからである．それにくらべれば，金日成の偉業などは子どもじみている．「俺たちの物語のほうがすごい」．そのように，自分で主体的に考えることができるようになったということは，杉原（僕）の自我がめざめた証拠なのだ．この場面は，少年たちの自我のめざめを描いているのだと読むこともできる．

(2) 自我の社会性

　ところで，自我とは行動や意識の主体，つまり〈わたし〉，自分のことであるという説明をしたのはよいが，その〈わたし〉という問題がなぜ社会学のテキストで取り上げられなければならないのだろうか．自我の社会学的な意義をわかりやすく説明してくれるのが，社会心理学者クーリー（Cooley, C. H.）の**鏡に映った自我**（looking-glass self）という概念である．クーリーは，まず自分というものがあって他者とかかわりあうのではなく，他者とのかかわりあいのなかで自分というものが築き上げられていくのだと説明している．例えば，自分の容姿が他人の目からはどう見えているのか自分にはわからない．われわれは，他人の自分に対する反応を通じて，自分がイケてるのか（自分を前にした女性たちからキャーッという歓声があがる…），それとも残念ながらそうではないのか（女性たちからブーイングがわきおこる…）をハッキリと知らされることになる．ここで他者はまるで自分を映し出す鏡のような存在になる．われわれは他者が自分に対して抱いている（と思われる）そのイメージを受け入れ，時にそれに反発したり精神的なダメージを受けたりしながら，心の中に自分像を築き上

げていくのだ.

　感情ですらその例外ではない. われわれは嬉しいあるいは悲しいといった感情が自分の内部, 心の奥底から自然に湧き上がってくるものだと思っている. しかし, 本当にそうなのだろうか？　先日, 何気なく深夜番組をみていたら, お笑い芸人が女性タレントを泣かせてしまう場面に遭遇した. お笑い芸人にきびしいツッコミを入れられた後, その女性タレントはしばらくの間キョトンとしていたが, 周りにいた誰かが「あっ, 泣くぞ」とつぶやいた数秒後に大粒の涙を流し泣きはじめた. すなわち, 女性タレントは他者から「あなたは今悲しい感情なんですよ」という示唆を受けて初めて自分の感情に気づき, その感情を面に出したことになる. 哲学者の鷲田清一が指摘するように,「自分では自分の心が見えない」のだ. だから, われわれは他者という鏡を通じて, 自分の心を形づくっていくのである.

(3) アイとミー

　自我が社会的なものであることを示唆するもう一つの重要な概念に, ミード (Mead, G. H.) の**アイとミー**がある. ミードは, 自我を自らのうちで進行する「アイ (I)」と「ミー (Me)」の相互作用としてとらえている.

　ミードによれば, 人間の自我は**役割取得** (role-taking) の過程を通じて形成されるという. 子どもは喋れるようになる頃, ままごとやお店屋さんごっこのような**ごっこ遊び** (play) に興じるようになる. ままごとでお母さんやお父さんの, お店屋さんごっこで魚屋さんやお客さんの真似をすることを通じて, 子どもはお母さんやお客さんといった複数の他者の態度や行動パターンを自らのなかにインプットしていく (taking role the others). 他者の態度や行動パターンを自分のなかに取り入れることができれば,「自分が妹をいじめればママはわたしを叱るだろう」というように, 他者の自分に対する反応があらかじめ予測できるようになるのと同時に, 自分, わたしという行動の主体が分化されてゆく.

　さらに子どもは学校に上がる年齢になると, 野球など集団で規則に従って行う遊びに興じるようになる. この**ゲーム遊び** (game) において, 子どもは多数

の人々の多様な期待に応えることを要求されるが，それらを同時に受け入れることは難しい．例えば，野球のピッチャーは，バッテリーを組むキャッチャー，自分のチームの三塁手，監督，相手チームのバッター及び二塁走者，球審といった，ゲームに参加するすべての人々の自分に対する期待を同時に受けとめなくてはならないが，ゲームのなかでその一つひとつに思いを及ぼすのはまず不可能であろう．そこで，子どもは複数の他者の多様な期待を組織化し一般化することを学んでいく（この局面なら相手はこう動くだろうから自分はとりあえずこうしておけばオッケー）．

　ごっこ遊びで特定の他者の態度を取り入れることで「自分が妹をいじめればママはわたしを叱るだろう」という予測ができるようになった子どもは，ゲーム遊びにおける訓練を通じて，「（妹のように）弱いものをいじめてはいけない」などのような，社会における他者の一般的な反応である**一般化された他者**（generalized others）を内面化してゆく．ミードは，一般化された他者の期待をそのまま受け入れた自我の側面を「**ミー**（Me，客我）」と呼んでいる．それは，弱いものをいじめてはいけない，目上の人は敬わなければならない，式典にはフォーマルな服装でのぞまなければならないなど，自己のうちに取り込まれた共同体におけるあるべき態度であるともいえる．しかし，われわれは必ずしもこの共同体におけるあるべき態度に従うという訳ではない．われわれは時に，目上の者にあからさまに反抗したり，卒業式で奇抜な服装をしてみたくなったりする．それはわれわれのなかに客我に対して働きかけ，それを変容させ，新しいものを生み出そうとする**創発的内省性**が備わっているからだ．そのような客我に対する自我の反応を，ミードは「**アイ**（I，主我）」とよぶ．

　ミードによれば，自我とは自分のうちで進行するミーとアイの間の内的な相互作用なのである．船津衛の言葉を借りるなら，人間の自我とは，真空の中で生まれるわけではなく，孤立した形で存在するものでもない．自我は他者との関係によって社会的に形成される．また，一般化された他者あるいはその期待を受け入れたミーという形であらかじめ自我のなかに社会性が確保されているのである（船津，2000）．

2.〈わたし〉がわたしであること

(1) アイデンティティ

　〈わたし〉をめぐるもう一つの重要な概念として**アイデンティティ**（identity）がある．アイデンティティは頻繁に使用されるキーワードでありながら，その概念説明が最も難しい社会学用語の一つである．アイデンティティを説明するのが難しい最大の理由として，このカタカナ語が同時にいくつもの日本語に言い換え可能だからという点が指摘できる．

　国立国語研究所では 2003 年から「最近よく使われるのに意味がわかりにくい」外来語の言い換え案を順次発表しているが，そこではアイデンティティを「独自性」あるいは「自己認識」と言い換えることが提案されている．また，アイデンティティはフロイト派の社会心理学者エリクソン（Erikson, E. H.）が使用した概念でもあり，学術的には「同一性」と訳されるのが一般的である．

　アイデンティティとは何かを理解してもらうためにもっとも簡単な方法は，「あなたはどんな人ですか？」という問いに答えてもらうことである．結論を先取りすれば，そのような問いに対する「私は○○です」というあなたの答えが，あなた自身のアイデンティティとなる．どんな人？と問えば，おそらく「私は頑固な人間です」とか「私は少し太めです」という答えが返ってくるだろう．頑固である，あるいは少し太めであるというのはその人が想う自分像であり，そのような意味でアイデンティティとは「自己認識」なのだ．また，頑固である，少し太めであるという答えは，自分の周囲にいるすべての人に共通する特徴ではなく，その人が自分固有のものとして捉えた特徴を指していると考えられる．そのような意味でアイデンティティとは「独自性」でもあるのだ．

　アイデンティティという言葉の由来から考えれば，「同一性」と学術的に訳すのがアイデンティティの原義をもっともよくあらわすことになる．アイデンティティは，同一化すること，あるいは同定することという意味をもつ identification からきている（identification はラテン語で「同じであること」を意味する identitas に由来する）．同一性としてのアイデンティティとは，自分が状況によって変わらず自分であるという感覚（不変性；sameness），あるいは時間を

通じて連続しているという感覚（連続性；continuity）のことである．上の質問で「私は頑固である」と回答した人は，いかなる立場に置かれても，例えば，会社に行って同僚と一緒に働いていても，家庭で父親として子どもに接していても自分のことを「頑固である」と思っているはずである（不変性）．また，自分が頑固であるという現在の認識は，昨日も数ヵ月前も，1年前もあったし，そして来月も来年もその点には変わりないと本人は確信しているはずである（連続性）．そのような感覚が同一性としてのアイデンティティである．

　在日コリアン三世である杉原（僕）を主人公にした金城一紀『GO』は，僕あるいは俺のアイデンティティをめぐる物語として読むこともできる．

　　僕はある日を境に，《在日朝鮮人》から《在日韓国人》に変わった．でも僕自身は何も変わってなかった．変わらなかった．つまらなかった．（金城一紀『GO』講談社文庫，2003年，18頁）

　　「俺は何者だ？」…言っとくけどな，俺は《在日》でも，韓国人でも，朝鮮人でも，モンゴロイドでもねえんだ．俺を狭いところに押し込めるのはやめてくれ．俺は俺なんだ（金城一紀『GO』講談社文庫，2003年，245-246頁）．

　杉原は朝鮮籍から韓国籍へという国籍の変更を体験するが，自分を取り巻く環境は激変してもそこに何も変わらない「自分」がいることに気づく．また，いわゆる一般の「日本人」は何の疑問も抱かず，杉原を「在日」というカテゴリーに押し込もうとするが，杉原は自分のなかに，「息子」「高校生」「彼氏」，そして「在日」といったようなあらゆる属性を超越して存在する「俺」を感じている（俺は俺なんだ）．その感覚が同一性としてのアイデンティティなのである．

　アイデンティティを確立するためには，〈わたし〉が自分の不変性や連続性を感じるだけでは十分ではない．それを他者（あるいは社会）が認めてくれる，受け入れてくれると感じるにいたって，はじめてアイデンティティは安定する

とエリクソンは主張している．例えば，「私はカワイイ」と思っている女の子は，家族や彼氏，周囲にいる友達などが「カワイイね」と言って褒めてくれるから自分のことをカワイイと思い込めるのであって，自分の容姿について褒めてくれる人が周りに一人もいない場合は，自分のことをカワイイだなんて思ったりできないだろう．

(2) アイデンティティ・クライシス

しかし，自分が何者であるかについての自己定義と，他者，とりわけ重要な他者によるその承認の間に齟齬が生じた場合，その人のアイデンティティは不安定なものになり（自分が本当はどういう人間かわからなくなる），その結果としてアイデンティティの危機が起きる．それを**アイデンティティ・クライシス**（identity crisis）という．

　僕は桜井に気づかれるほどの深呼吸をして，言った．／「俺は一，僕は日本人じゃないんだ」／それはきっと十秒とかそこらの沈黙だったはずだけれど，僕にはひどく長いものに思えた．／「…どういうこと？」と桜井は訊いた．／「言った通りだよ．僕の国籍は日本じゃない」／「…それじゃどこなの？」／「韓国」…沈黙．沈黙．沈黙．沈黙．…「お父さんに…，子供の頃からずっとお父さんに，韓国とか中国の男とつきあっちゃダメだ，って言われてたの…」／「…お父さんは韓国とか中国の人は血が汚いんだって言ってた」／ショックはなかった．それはただ単に無知と無教養と偏見と差別によって吐かれた言葉だったからだ（金城一紀『GO』講談社文庫，2003 年，186-188 頁）．

　『GO』の杉原は桜井という女子高生と交際しているが，「もし自分の素性を打ち明けて嫌われたら」というおそれから，自分が在日コリアンであることを固く秘密にしていた．しかし，ある日ついに杉原は桜井に自分が日本人じゃないことを打ち明ける．「俺が俺である」ことを桜井が受け入れてくれることを期待して．だが，杉原にとって「重要な他者」である桜井から返ってきたの

は，杉原のルーツを真っ向から否定する偏見に満ちた言葉だった．それは同時に，俺は「在日」などではない，俺は俺であるという杉原のアイデンティティを深く傷つけることになる．このケースのように，自分に対する自己定義と他者による定義との不一致によってアイデンティティ・クライシスが起きるとエリクソンはいう．

また，アイデンティティ・クライシスは**青年期**（adolescence）に起きやすいことが指摘されている．前近代社会では，子どもから大人への転換は**通過儀礼**の経過等によって一気に行われる．例えば，ある部族社会では，つい先ほどまで「子ども」であった人が，バンジージャンプという儀式に成功したその瞬間から「大人」として処遇される．ところが近代社会においては職業の分化などを理由として，子どもから大人への移行期が長期化するようになった．10代から20代にかけての青年期とよばれるその移行期において，若者たちは安定したアイデンティティを獲得すべく試行錯誤を繰り返す．エリクソンは青年期が大人としての義務を免除される時期でもあることに着目し，その時期を**モラトリアム**（moratorium）の時代とよんだ．しかし，大人としての義務を免除された若者は「大人でもなく子どもでもない」というどっちつかずの状態におかれ，その状態がアイデンティティ・クライシスを引き起こしたりもするのである．若者は青年期におけるアイデンティティ・クライシスを乗り越えて，自己定義と他者による定義を一致させることにより，安定したアイデンティティを獲得するとエリクソンは主張している．

3. 演じる〈わたし〉―役割とドラマトゥルギー―

アイデンティティの確立によって，人は（自我はといってもよいかもしれない）社会の中に安定した居場所を発見する．また，自我は**役割**（role）を通じて社会制度の中に組み込まれているともいえる．『GO』の杉原が「俺は俺である」と感じていたとしても，「俺は俺である」ことを徹底して貫き通すなら，おそらく現実社会を生き抜くことは難しいだろう．杉原は実際には在日コリアン家庭の息子として，高校生として，あるいは桜井の彼氏としてリアルな日常を生き

ている．役割とは，息子や高校生といったある社会的な立場にいる者に対して，社会が期待する望ましい行動様式である．杉原は（やや親子関係の常識から逸脱してはいるものの）父親に対して息子としての振る舞いをしてみせるし，また，時には桜井の彼氏として男らしく彼女をリードする．同じように，教師は教師として教師らしく，母親は母親として母親らしく，病人は病人として病人らしく振る舞うことが周囲から期待され，われわれの多くはその期待に粛々と従うことで，社会制度の中にきれいにはめ込まれる（と社会学では伝統的に考えられてきた）．

　しかし，われわれが期待される役割をそのまま遂行するだけの存在であるならば，社会において人間の主体性，すなわち自我〈わたし〉などはどこにも見当たらないのではなかろうかという疑問が生じてくる．社会学がモデルとして示す人間，まるで操り人形のように社会の**役割期待**通りに行動する人間を，ダーレンドルフ（Dahrendorf, R.）は**ホモ・ソシオロジクス**と揶揄するが，われわれは社会から期待されている役割を必ずしもそのまま遂行するわけではない．役割を遂行することと，それを遂行する演技をするのは別のこと．こう指摘するのはゴフマン（Goffman, E.）である．

　ゴフマンの**ドラマトゥルギー**というアプローチは，人間の相互行為を，役割遂行を演技する**パフォーマー**とその演技を観る**オーディエンス**が，舞台の上で繰り広げるドラマとして記述する方法である．例えば，ある教室でいつも私（教師）を熱心に見つめている学生がいるとする．彼（あるいは彼女）は常に私を凝視し，私が語る一言一句に相槌を打ち，微笑み，そして考え込む．しかし，私はその学生のテスト答案を見て唖然とする．彼（彼女）が私のこの半年の講義内容を少しも理解していないことがわかったからだ．おそらく彼（彼女）は，勉強をしています，あなたの話を注意深く聞いていますという演技（役割遂行の演技）をすることに忙殺されて，肝心の教師の話を聞くこと（役割遂行）の方がおろそかになっていたのである（ここでは学生がパフォーマー，教師がオーディエンスである）．

　自分がよく話を聞く学生であることを教師にアピールしようとしている学生

のように, パフォーマーが自分の演技の管理を通じて, 意図する印象(「私はこんな人間ですっ!」)をオーディエンスに植えつけようとすることを, ゴフマンは「**印象操作**(impression management)」とよぶ. われわれは社会から期待される規格的な役割を演じながらも, 〈わたし〉自身のアイデンティティを相手に伝えようと試みるのである.

　また, われわれは, 役割遂行のなかで, 自分は現在成り行き上この役割を演じていますが, 「本当の私」はまた別なのですということを周囲にアピールしたりもする. 例えば, 小学校3〜4年位の子どもは, 遊園地のメリーゴーランドをもっと小さい子どものようには楽しめないだろう. たまたま弟妹とメリーゴーランドに乗るはめになったが, 自分はおつきあいで乗っているだけで心からメリーゴーランドを楽しんでいるわけではないのですということをオーディエンスに示すため, 少年はわざと大げさにおどけてみせたり, 反対に無表情で通したりする. ゴフマンは, このパフォーマンスを通じてあらわになる役割と本当の私との距離のことを**役割距離**(role distance)とよぶ.

4. 〈わたし〉探しゲームと脱アイデンティティ

　学生の頃は制服を着るのが嫌いだった. 制服は自分にとって個性を奪ってしまう不自由の象徴に他ならなかった. ところが現在, 勤め人の制服であるスーツを着るのが妙に心地よくなってしまっている. 職業柄, 特にスーツを着る必要に迫られないのであるが, 仕事がうまくいかなくなった時, 心に平穏を取り戻したい場合は, スーツを着て仕事に出かける. スーツを着ると決めれば, 今日はどんな服にしようかと迷いが解消されるという実利的な理由もあるが, それ以上にスーツ(というか制服全般)の記号性や匿名性が, 〈わたし〉を「勤め人一般」というカテゴリーの中に埋没させてくれるのが何よりも心地良いのである.

　80年代とは, 誰もが「〈わたし〉探しゲーム」に夢中になった時代であったと哲学者の鷲田清一は指摘する. 〈わたし〉探しゲームとは, 「じぶんにはまだじぶんの知らないじぶんがある, その真のじぶんに出会わねばならない…」と

いった強迫的な物語を生きることである．しかし，「個性的でなければならない」あるいは「自分らしくあらねばならない」という観念，すなわちアイデンティティの確立ということに囚われて生きるのはやっぱり疲れてしまう．そんなときに個人をアイデンティティという枠組みから外し，「人格としての固有性をゆるめ…そのなかに隠れることができる服」が制服なのだと鷲田はいう（鷲田，1995：76-77）．職場における服装のコードは年々緩くなっているにもかかわらず，通勤電車の中にはスーツ姿の男性が，オフィス街には制服姿の女性があふれかえっているのは，〈わたし〉を探し当てるのが存外に大変だという一つの証拠であるのかもしれない．

　上野千鶴子（2005）は，人はアイデンティティなしでは生きられないとか，アイデンティティを確立した人はそうでない人よりも成熟しているなどのアイデンティティにまつわる仮説を「アイデンティティ強迫（identity obsession）」とよび，アイデンティティが特定の歴史的社会現象を説明・記述するためのツールであることを強調する．特定の歴史的現象を説明するツールである以上，その現象が変われば概念の賞味期限も切れるのは道理で，アイデンティティもこの有効期限切れの概念ではなかろうかと，上野は指摘する．

　実際のところ，多くの人々は，アイデンティティの統合を欠いても逸脱的な存在になることなく社会生活を送っている．それどころか社会集団が包括的帰属から部分帰属へと変化するにつれ，断片化されたアイデンティティのあいだを，一貫性を欠いたまま横断して暮らすことも可能になった．この複数のアイデンティティの間に，強い「隔離 compartmentalization」や「非関連 dissociation」が成立した状態を，わたしたちは「多重人格」とか「解離性人格障害」とよぶが，それは病理である以前にポストモダン的な個人の通常のあり方ではないだろうか．…多重人格が多元的現実のあいだをスイッチングするには適合的な人格類型であるとすら考えられよう．たとえばテレビでニュースを見ながら同一画面のウインドウで野球中継をチェックし，さらに電話の受話器を耳に当てているという生活にとって，複数のアイデンティティ間の隔離と

共存はむしろ適合的と言えるかもしれない（上野千鶴子（編）『脱アイデンティティ』
勁草書房，2005 年，35 頁）．

　アイデンティティという概念は，同じであるもの，連続的であるものという
含みをもっていた．また，われわれは成熟するために，自己定義と他者による
定義を統合させ安定したアイデンティティを確立しなければならないという
規範的な含意をこの概念は前提としてもいた．それに対して「脱アイデンティ
ティ」というアイディアは，自我の同時的多元性や構築性をより強調するも
のであるといえる．〈わたし〉はこうでもあるし，ああでもありうるのである．
「GO」の杉原は，「俺は俺なんだ」の後にこう続ける．「いや，俺は俺であるこ
とも嫌なんだよ．俺は俺であることからも解放されたいんだ．俺は俺であるこ
とを忘れさせてくれるものを探して，どこにでも行ってやるぞ」と．

◆◆もうちょっと詳しくみてみよう！◆◆
◆消費社会における脱アイデンティティ―同調する自分／差別化する自分―
　J. ボードリヤールによれば，現代の消費社会のなかで，われわれ消費者はモ
ノやサービスの機能ないしは有用性ではなく，モノやサービスに付着した良い
観念やイメージ，あるいはそれを前にした人々の反応（賞賛や羨望）を消費して
いるのだという．そのような消費を「記号消費」というが，それは他者と異な
る，もっと自分らしいモノあるいはサービスを求めての消費であり，他者と違
う自分でいたいという人間の「差異への欲求」を満たすための消費であるとい
える．消費社会を生きるわれわれは，消費を通じて自分探しを，つまりアイデ
ンティティの微調整を行うのだといえる．消費社会を生きる「今の若者」の自
分らしさ志向について，三浦展は以下のように述べている．

　　…彼らから携帯電話や腕時計やスニーカーやリュック等々の私物をすべて
　奪ってしまえば，おそらく彼らは彼らがこだわる自分という存在のあまりの軽
　さにたじろぎ，ひどい不安に陥るに違いない．物がなければ自分らしさの根拠

などどこにもない．まず自分らしさがあって物を選ぶのではなく，物を選ぶことで自分らしさが実感されるのだ．かつては共同体における役割が自分らしさを支えたように，今は否応もなく物が自分らしさを支えているのである（上野千鶴子（編）『脱アイデンティティ』勁草書房，2005 年，110 頁）．

　D. リースマンは，消費社会に適応的な社会的性格は，他人がどのような行動に出るのかをレーダーのように感知し，それに応じて自分の行動を決定する「他人志向型」であるという．自分らしさ志向と他人志向型には矛盾があるようにみえるが，リースマンの指摘する他人志向型の社会的性格は，純粋な他者への関心から他者を志向するのではない．他人志向型が示す他者への関心とは，自分自身への関心の裏返しなのだ．自分らしいモノやサービスを求めて消費することは，他者と違うモノやサービスを欲しがることと表裏一体であるといえる．われわれは消費社会のなかで，自分らしくあるために他者の動向を注意深くうかがわなければならないのである．

　先日，研究会の後の雑談で「EXILE って誰が聴いているのだろう」という議論になった．教員の他に大学の事務職員や学生を含めても，誰もわれわれの周囲に EXILE の音楽を聴いたり，CD を買ったりしている人間が見当たらない．それなのに，EXILE のリリースするアルバムはミリオンセラーになる．そもそも，現代の消費が「差異への欲求」に基づく記号消費であるとするならば，わたしたちは他人と同じ音楽を聴くことを避け，ミリオンセラーなどという現象が生み出される余地などないのではなかろうか．三浦は音楽 CD に典型的にみられる「一部の CD が数百万のメガヒットとなる反面，数百枚単位で売れるマニアックな CD も確実に存在するが，数万枚の定番ヒットがなくなる」という現象を「複数の自分」という視点から説明している．

　…現代の消費者（特に若者）は「複数の自分」を持ち，そのうち一つを必ず「みんなと同じ自分」，つまり「同調する自分」として持っている．同時に彼らは「人とは違う自分」，「つまり差別化する自分」を持っている．「同調する自分」

20

に訴求すればメガヒットが生まれ，「差別化する自分」に訴求すればセールスは極小化する．逆に「ひとつの自分」の時代のような中くらいのヒットが生まれにくくなるのである（上野千鶴子（編）『脱アイデンティティ』勁草書房，2005年，116頁）．

　現代を生きるわたしたち消費者は，一貫した「ひとつの自分」というアイデンティティではなく，「複数の自分」という自己意識をもつ．だから，わたしたちは他のみんなが決して聴かない，名前すら知らないマニアックなアーティストの音楽を愛好することによって「差別化する自分」を求める一方で，EXILEを「消費する」ことによってみんな（この「みんな」を同定するのがまた難しい問題ではあるが…）に「同調する自分」をも確保するのである．

　研究会のみなさん，あの時は黙っていましたが，実は自分のiPodのなかにもEXILEの曲が入っています！

◆◆さあ，考えてみよう！◆◆

Q1. 今日の自分の服装を下の図の上に位置づけてください．また，今日どうしてそのような服装をしているのかについても考えてみてください．

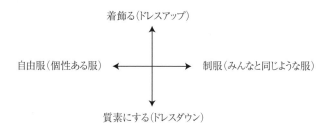

※（鷲田，2004）より作成

Q2. 自分の好きな小説，映画，漫画，歌詞等を取り上げ，そこに登場する人物の行動や意識を「アイデンティティ」という観点から説明してください．

第2章　官僚制とマクドナルド化

◆◆キーワード◆◆

集団 (group)　①集団を構成するメンバーの間に共通の関心や目標が共有されていること，②地位及び役割の分化がみられること，③メンバーの行動を規制する規範が存在すること，④メンバーの間に「われわれ意識」があること，⑤メンバー間の相互行為に規則性と持続性がみられること等の諸条件を満たす人々の集まりである．

ゲマインシャフト／ゲゼルシャフト (Gemeinschaft/Gesellschaft)　F. テンニースによる社会集団の分類．ゲマインシャフトは愛情や相互理解など人間の「本質意志」によって結びついた人々の集まりであり，その典型が家族や村落である．これに対してゲゼルシャフトは利害や打算といった「選択意志」にもとづいて形成される集団で，企業や国家などがこれに相当する．

コミュニティ／アソシエーション (community/association)　R. M. マッキーバーによる社会集団の分類である．コミュニティは自然発生的で，ある程度自足的な共同生活の場で，そのメンバーは生活に関する包括的な関心を共有しあっている．これに対してアソシエーションは，コミュニティのメンバーが特定の目的を達成するために人為的に組織した集団である．

組織 (organization)　特定の目的を達成するために各メンバー，または各セクションの活動を動員し統制するシステム．達成すべき特定の目標の存在，地位―役割の分化，メンバーの行動やメンバー間の関係を規制する規範の存在など，組織がもつ特徴のことを組織性という．集団は多かれ少なかれ組織性をもつが，

群集，公衆，大衆のように組織性がみられない集団，すなわち「未組織集団」も存在する.

テーラー・システム (Taylor system) 20世紀初頭アメリカにおいて，鉄工所の工場長であったF.W.テーラーによって考案された作業管理システム.「科学的管理法」ともよばれる.「時間研究」及び「動作研究」によって一定の作業を効率的に行う方法を割り出し，それにもとづいて作業員の「標準作業量」を設定した上で，「差別的出来高賃金制」によって作業員の仕事に対する動機づけを確保し，工場全体の能率向上を目指すものである.

ホーソン実験 (Hawthorne experiment) 1924年から32年にかけてシカゴにあるウエスタン・エレクトリック社のホーソン工場で行われた一連の実験. 当初実験の目的は，作業条件と能率との間に何らかの因果関係を見出すことで，物理的な環境条件の改善，能率向上をはかるものであったが，実験の途中から，物理的な環境条件よりも人間の感情や人間関係の方が作業能率に大きな影響を及ぼすことが明らかになった.

官僚制 (bureaucracy) M.ウェーバーは官僚制を「家産官僚制」と「近代官僚制」に区別しているが，一般的には後者のことを指す. すなわち，官僚制とは近代社会において，大規模組織が自らの目標を能率的に達成するための合理的な管理運営体系のことで，①合理的規則の支配，②権限のヒエラルヒー，③非人格的な人間関係，④職務の専門化，⑤能率の論理の貫徹等の原則からなる技術体系，組織原理である. ウェーバーはこれを「合理的支配」の典型としてみている. しかし，官僚制は以上で指摘したような特徴をもつがゆえに，形式主義，繁文縟礼，保身主義，セクショナリズム，秘密主義といったような負の効果を同時にもたらす. この負の効果をR.K.マートンらは「官僚制の逆機能」とよぶ.

マクドナルド化 (McDnaldzation)　マクドナルドをプロトタイプとするファストフード・レストランの原理，すなわち効率性，計算可能性，予測可能性，技術による制御といった「合理化」の原理があらゆる生活領域に拡大浸透していくことを G. リッツァはマクドナルド化とよぶ．マクドナルド化によって，われわれは誰もが，そしていつでも，均一な商品ないしサービスを即時に利用できるようになるというメリットを得たが，その反面，脱人間化など「合理性の非合理性」が問題視されることになる．

1.　集団と組織

(1) 集団

　「**集団 (group)**」は社会学において最もポピュラーな概念の一つでありながら，近年では研究者たちに顧みられることがあまりない概念である．その理由としては，「ネットワーキング」という新しい人間のつながり方が世界を激変させている現在，この概念のもつ含みがいささか時代遅れのものになってしまったということが考えられる．しかし，ここで集団という概念を顧みておくことは，けっして無意味ではない．なぜなら，集団とは，近似する組織の概念とあわせて，社会学のオリジナルな発想そのものを体現しているといえるからだ．

　集団は，人々の集まっている状態を指す一般語としても広く使用されている．しかし，社会学で集団（ないしは社会集団）という場合，それはおよそ以下の①〜⑤の条件を満たす人々の集まりを指す．すなわち，①集団を構成するメンバーの間に共通の目標や関心が共有されていること，②地位及び役割が分化していること，③メンバーの行動を規制する規範が存在すること，④メンバーの間にわれわれ意識 (we-feeling) が存在していること，⑤メンバー間の相互行為に規則性と持続性がみられることなどの諸条件に合致する人々の集まりか集団である．

　もう少し補足的な説明をしておかなければならないだろう．②の地位及び役割が分化しているというのは，特定の立場や，その特定の立場につく者の行うべきことが明確に定められているということである．たとえば，部員があま

りいない小さな運動部などでは，選手が下級生のコーチやマネージャーを兼ねていることがあるが，その場合，「地位及び役割が分化している」とはいえない．コーチやマネージャーという立場が他から独立して存在し，その立場にいる者がもっぱらその役目に徹している場合にのみ，地位及び役割は分化しているといえるのだ．また，③の規範（norm）とは簡単にいえばルールのことである．集団には，メンバーの行動やメンバー間の関係を規定する独自のルールがなければならない．④のわれわれ意識とは，集団のメンバー各人が集団それ自体を一つの主体として意識するような感覚のこと，つまり，「私」ではなく「私たち」を行動の単位として想定するような感覚のことである．⑤の相互行為とは，お互いにコミュニケーションする相手の次の出方をうかがいながら相手に対して働きかけることであるが，このコミュニケーションが規則性と持続性を示すこと，つまり安定していることが「集団」の大きな特徴なのだ．

　たとえば，バス停でバスを待つ人々の集まりを「集団」とよぶことができるだろうか．結論からいえば，バス停でバスを待つ人々は集団ではない．なぜなら，先に示した集団であるための条件の②から④までが欠けているからである．バス停でバスを待つ人々には，「○○行きのバスに乗る」という共通の目標があるのかもしれない．しかし，バスを待つ人々の間で地位及び役割は分化されていない．そこにはメンバーの行動や関係を規制する独自のルールもないし，おそらく，バスを待つ人々の間にわれわれ意識は存在しないだろう．

　それでは，ある看護学校は集団とよべるのだろうか．看護学校には，看護師国家試験合格というメンバー全員が共有する関心や目標があるし（①），学生，教員，事務職員という立場，役目が明確に分けられており，地位及び役割が分化している（②）．また，メンバーの行動や関係を規制する看護学校独自のルールが職員の就業規則あるいは学生にとっての学則という形で存在し（③），メンバーの間には「私たち××看護学校の学生（あるいは教員，職員）は…」といったようなわれわれ意識が多かれ少なかれ共有されているし（④）．学生と教員，あるいは学生間の相互行為にも規則性と持続性がみられるだろう（⑤）．よって，看護学校は集団であるといえる．

(2) 集団の分類

　集団の種類は多種多様をきわめるが，これまで社会学の歴史のなかでいくつかの基準から集団の分類が試みられてきた．その代表的なものを下の表に示しておく．

　テンニース（Tönnies, F.）は，集団を構成するメンバーの結合の性質を基準として，集団を**ゲマインシャフト**（Gemeinschaft）と**ゲゼルシャフト**（Gesellschaft）に分類した．ゲマインシャフトとは，愛情や相互理解など人間の「本質意志」によって結びついた人々の集まりであり，ときに分離・反発をすることがあっても相互に感情的に結合している，家族や村落のような人々の集まりのことである．これに対してゲゼルシャフトは，利害や打算といった「選択意志」に基づいて形成される集団であり，表面的には親密であろうとも本質的には分離している，企業や国家などのような人々の集まりのことである．テンニースは，近代化の進行とともに，ゲマインシャフトが優位な時代からゲゼルシャフトが優位な時代へと移行していくとし，そのことに対して批判的な見解を示している．

　マッキーバー（MacIver, R. M.）は人間生活における関心が包括的なものか特定のものかによって，集団を**コミュニティ**（community）と**アソシエーション**

表 2-1　集団の分類

	集団分類	具体例	分類の基準	提唱者
①	ゲマインシャフト	家族，村落	メンバーの結合の性質（本質意志／選択意志）	F. テンニース
	ゲゼルシャフト	企業，国家		
②	コミュニティ	ムラ，マチ，国民社会	発生の契機，関心の包括性／特殊性	R. M. マッキーバー
	アソシエーション	家族，企業，組合，国家		
③	第1次集団	家族，近隣集団，遊び仲間	接触の仕方，人格形成の基礎性	C. H. クーリーら
	第2次集団	学校，企業，政党		
④	生成社会	家族，部族，民族	発生の契機（自然発生的／人為的）	F. H. ギディングス
	組成社会	企業，組合，政党		
⑤	基礎社会	家族，村落，都市	紐帯の性質（自然的紐帯／人為的紐帯）	高田保馬
	派生社会	企業，組合，政党		

(association) に分類した. コミュニティは本来「地域性」と「共同性」以外に共通項をもたないとされる多義的な概念であるが（一定地域にいて人々が共同生活を送る場）, マッキーバーは, コミュニティを自然に発生してその内部である程度自足的な生活が営まれるような集団であり, また, 人々が生活に関する包括的な関心を共有しあっているような集団であると定義している. コミュニティの代表例は, ムラやマチ（カタカナで表記したのはそれが行政的に区分けされた村や町ではないから）である. これに対してアソシエーションは, コミュニティの内部において, 特定目的をもつ人々が, その目的を達成するために人為的に組織した家族, 学校, 企業, 政党, 組合, 国家などの集団のことである（ただし, マッキーバーは, 家族と国家をコミュニティ的要素も含む限界ケースとして位置づけている）.

クーリー（Cooley, C. H.）は, メンバー間の直接的な接触や親密な結合を特徴とし, 幼年期における道徳意識の形成に大きな影響を及ぼす集団を**第1次集団**（primary group）とよんだ. 家族や近隣, 遊び仲間などがこれに該当する. これに対してヤング（Young, K.）らは, 特殊な利害関心に基づいて人為的に組織され, 間接的な接触を特徴とするような集団を**第2次集団**（secondary group）とよんだ. 企業や学校, 政党などがこれに相当する. 以上, 代表的な集団の分類をみてきたが, 血縁・地縁を基に自然に発生した家族や村落のような集団のことを「基礎集団」, また, 企業や学校のように特定の目的を達成すべく人為的につくられた集団を「機能集団」とする分類もしばしばみられる.

(3) 組織集団と未組織集団

これまで, 集団の集団であるための条件, 集団の分類について説明してきたが, 同じ「集団」というカテゴリーに括り入れられていても, 家族と会社は少しも似ていないことにお気づきだろうか. たとえば, 家族の目標とは, 「いつかマイホームをもつ」とか「みんなで幸せになる」とか漠然としたものであることが多い. それに対して, 会社の目標には「令和〇〇年度には, 売上高を前年度比30％に伸ばす」といったようなより具体的なものが掲げられている

だろう．家族にはせいぜい父，母，子といったような立場がみられるにすぎないが，会社は，社長をはじめとして，副社長，専務，常務，部長，課長，係長，主任…と数え上げていけば際限なくさまざまな立場がみられ，その立場にいる人間が行うべき，あるいは行ってはいけないことが諸規則によって明確に定められている．つまり，家族と比較して，会社の方がより特定された具体的な目的をもち，地位―役割の分化が進んでいるのだ．家族よりも会社の方が組織性の度合いが高いといえるのである．

　組織（organization）とは，辞書的にいえば，特定の目標を達成するために，各セクション及び各メンバーの活動を動員し，統制するシステムのことである．「組織的なサッカー」とよばれるものを頭に思い浮かべれば，組織が何であるのかを理解しやすいだろう．組織的なサッカーとは，スター選手の個人技が光るようなチームのプレースタイルではなく，勝利という目標のためにチームが全体として機能するような（個々の選手が自分のプレースタイルを捨てても与えられた役目に徹するような）サッカースタイルを指している．組織的サッカーを標榜するチームにおいて，選手には時に自身のプレースタイルに対する矜持を封じ込めてでも，チームの勝利という目標達成のために泥臭く１点を取ることが要求されるのである．

　また，図2-1の家電メーカーの組織図をみてほしい．意思決定機関であるトップマネジメントの下に，家電の製造及び販売という目標を達成するために必要な業務が各セクション（研究開発部門，生産部門，販売部門…）として並べられており，ここに必要な人員が配置されている．各セクションに配置された人員は家電の製造及び販売という組織目標を達成するために，私心を捨てて業務に邁進することになるのである．

　達成すべき特定の目標がある，その目標達成のために地位―役割が分化され，かつメンバーの行動やメンバー間の関係が規範によって規制されているなどの特徴のことを組織性という．その定義からして，社会集団には多かれ少なかれ組織性があるといえるが，企業や軍隊，行政機構，病院などの集団でそれが明確にあらわれている反面，家族に組織性はそれほどない．組織性が明確にあら

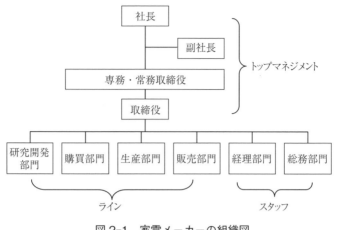

図 2-1　家電メーカーの組織図

われている集団のことを，社会学では組織集団 (organized group) という．

　また，その逆に組織性がない集団というのも存在する．いわゆる未組織集団 (unorganized group) であり，群集（群衆），公衆，大衆などがこれに相当する．**群集** (crowd) とはル・ボン (Le Bon, G.) によって定式化された概念であり，暴動に集まった人々や事件現場のやじ馬のように，同一の場所に近接し，偶発的な出来事をきっかけとして「一時的に集合し，やがて散っていく人々」のことである．群集は，流言などの情報に流されやすいという特徴をもっているとされる．群集が非理性的な存在であるのに対して，タルド (Tarde, J.G.) のいう**公衆** (public) は，空間的に散在するも新聞に代表されるマスコミによって結ばれ，マスコミがもたらす問題意識を共有し，世論を形成する理性的な存在として描かれている．また，**大衆** (mass) は，不特定多数の互いに見知らぬ人々からなる集合体であり，人々が空間に散在しているという点は公衆と同じであるが，仲間意識や共通の問題意識を欠き，マスメディアに対して受動的で大きく影響を受けやすいという特徴をもつ未組織集団である．

(4) テーラー・システムとホーソン実験の意義

　19 世紀末以降の産業化の拡大にともない，組織集団は複雑化し，その規模

はとめどなく拡大していくのであるが，そこで課題となったのは，複雑化・大規模化する組織を，その目標実現に向けていかに「管理」するかということであった．たとえば，20世紀初めのアメリカでは急速な工業化が進んでいたが，各工場においては，多数の労働者をうまく管理する仕組みがなかったため，機械化は進展していたものの，工場の生産性は低い水準のままであった．そこで鉄工所の工場長であったテーラー（Taylor, F.W.）は，後に科学的管理法（scientific management）あるいは**テーラー・システム**（Taylor system）とよばれる「課業管理」と「差別的出来高賃金制」からなる作業管理システムを考案する．課業管理とは，熟練労働者の作業を分析することで一定の作業を効率的に行う方法と時間を割り出し（「時間研究」及び「動作研究」），それに基づいて作業員一人一日当たりの標準作業量を「科学的」に設定することで工場全体の能率向上を目指すものである．差別的出来高賃金制とは，標準作業量を上回る成果をあげた作業員に対しては高い賃率で賃金を支払うという賃金払い制度であり，作業員の仕事に対する動機づけをねらいとするものである．

　テーラー・システムは，初めて体系的に組織の管理をもくろんだ方法であるという点でその存在意義が認められるのであるが，この延長線上にあるのが，フォード・システムやホーソン実験の当初の発想であるといえる．**ホーソン実験**（Hawthorne experiment）とは，1924年から32年にかけてシカゴにあるウエスタン・エレクトリック社のホーソン工場において行われた一連の実験である．この実験の最初の目的は，照明の明るさなどの作業条件と能率との間になんらかの因果関係を見出そうというものであった．つまり，工場内の照明を何ルクスにすればもっとも作業効率が上がるのかを調べようという意図をもった実験がホーソン実験なのである．しかし，どのような条件であっても能率が向上するという奇妙な現象が起こり，作業条件と能率との間に因果関係を見出すことは不首尾に終わる．メイヨー（Mayo, G. E.）やレスリスバーガー（Roethlisberger, F. J.）ら研究者たちが従業員に対する面接調査を行って出したこの実験の結論は，集団のフォーマルな組織系統の内部には自然発生的に非公式な組織，すなわち仲間などの**インフォーマル・グループ**（informal group）が形成され，そ

のなかで生まれる仲間意識や価値観がメンバーのモラール（morale，士気）を高め（〈感情の論理〉），これが作業能率に大きな影響を及ぼしているというものであった．

　人間は，報酬によってのみ仕事の動機づけを与えられるのではない．また，往々にして，物理的な環境条件よりも，人間の感情や人間関係の方が大きく作業の能率を左右するというこの「人間関係論（HR；human relations）」の見解は，確かに作業の能率を飛躍的に高めはしたが，労働の細分化・単調化によって人間性の疎外という深刻な問題を引き起こした科学的管理法やフォードのベルトコンベアシステムに典型的にみられる人間観に対するアンチテーゼとして生まれたのである．

2. 官僚制とマクドナルド化

（1）官僚制

　目的の実現を能率的に達成することは，何も工場や企業といった営利的な組織に限定される課題ではない．企業はもちろんのこと，行政機構，軍隊，病院，政党，労働組合，学校といった近代社会におけるありとあらゆる大規模組織は，組織目標を能率的に達成するための組織原理を採用している．それが，**官僚制**（bureaucracy）である．

　官僚制を最初に分析したのは，ウェーバー（Weber, M.）である．ウェーバーによれば，もともと行政組織の管理運営システムであった官僚制（より正確にいうと，「家産官僚制」に対する「近代官僚制」）は，その卓越した技術的優位性のゆえに，あらゆる組織において取り入れられるようになったという．組織原理として「技術的卓越性」をもつという官僚制の特徴とは，一体どのようなものであろうか．ウェーバーによれば，官僚制とは，①合理的規則の支配，②権限のヒエラルヒー，③非人格的な人間関係，④職務の専門化，⑤能率の論理の貫徹などの原則からなる組織原理であるといえる．「合理的規則の支配」とは，メンバーの職務内容及び権限が規則によって明確に規定されており，メンバーにはその遵守が要求されるという原則であり，これによって脱主観的な職

務遂行が可能になる．また，「権限のヒエラルヒー」は，ピラミッド状の職位
序列のなかで，下位者は上位者の統制と管理の下におかれるという原則であり，
このことによって一元的な指揮命令系統が確立される．「非人格的な人間関係」
とは，職務を公的なものとして私生活と区別し，職務の遂行にあたって一切の
個人的な感情や情緒を排除する原則である．また，「職務の専門化」とは，そ
の職務の担当者は専門的な訓練を受けて登用試験をパスした専門人でなければ
ならないという原則，「能率の論理の貫徹」とは，組織目標をできるだけ効果
的に達成するという論理がメンバーの諸活動に貫かれていなければならないと
いう原則である．

　簡単にいえば，①は規則には絶対従いなさい，②は上司のいうことには絶対
従いなさい，③は私的な関係，個人的な感情を仕事に持ち込んではいけません，
④は組織人たるものスペシャリストになるよう努めなければいけません，⑤は
なるべく時間とお金をかけずに仕事をしなさいという要請である．なぜ，組織
人たるものはそのような官僚制組織の要請に従わなければならないのだろうか．
答えは一つ，主として個人的な利害や恣意的な判断が混入することを極力回避
することによって，組織がその目標を合理的・効率的に達成することを可能に
するために他ならない．

(2) 官僚制の逆機能

　しかし，本来は最高に合理的・効率的であるはずの官僚制が，その原則のゆ
えに，逆に非合理的・非効率的になってしまうという皮肉な現象が度々生じる
ことになる．いわゆる，マートン（Merton, R. K.）らの指摘する「**官僚制の逆機
能（dysfunction of bureaucracy）**」である．マートンの指摘する官僚制の逆機能
の一つに，「訓練された無能力」というものがある．官僚制組織では，④の原
則によって，スペシャリストであることが求められ，しかもその専門性の度合
いが高ければ高いほど評価される．たとえば，官僚制組織ではゼネラリストよ
りもスペシャリストが評価されるので，医療機関でも専門医が高く評価される．
だから医学教育においても，臓器別の専門分化が早いうちから進み，自身の専

門領域における標準的な状況に対応できるよう訓練がされる．そして，確かに自分の専門分野に詳しく，標準的な対応がそつなくできる医師はたくさんいるのであるが，何でも診られる医師，女性のお腹が痛くなったときに，内科なのか，婦人科なのか，それとも泌尿器科なのか，どこに問題があるのかをきちんと診断でき，健康相談に乗ってくれる家庭医がいなくなったとある新聞記事は伝えている．その記事に，元放射線医が家庭医を目指して研修する理由が紹介されている．すなわち，「早く一人前になれると思って専門医の道に入ったが，当時，病院で当直をし，子どもの急患に小児科医を呼ばざるを得ない自分の診療能力に疑問をもった」からであると（『朝日新聞』2005年5月27日朝刊）．訓練された無能力は，組織の要請に従って専門性を高め，その分野で標準的な対応ができるようになるほど，その他の領域，あるいは新たな状況に対してまるで「無能」になってしまうという弊害を指している．

　官僚制の逆機能は，マートンの後，グールドナー（Gouldner, A.W.），セルズニック（Selznick, P.）らによっても指摘されている．官僚制では，規則の遵守，職位が上の者への服従，職務の遂行にあたって個人的な感情が混入されることの厳禁などを原則としている．規則と上司にひたすら忠実に従い，人間的な感情を発揮できないとするならば，それはもう意思をもったオンリーワンの人間ではなく，組織のなかの取替え可能な部品ではないか．そのような人間疎外のことを「脱人間化」という．また，過剰な規則遵守，上位者への服従の要求は「服従のための服従」を生み出し，規則の遵守それ自体が目的と化してしまうような「目的の転移（あるいは手段の自己目的化）」といった状況を生み出しもするだろう．その他，官僚制の原則①～③あたりから生じる弊害として，規則万能になり規則から外れたことは（たとえ必要なことであっても）一切しない「形式主義」，官僚制組織では文書によって指令・処分がなされるが，文書がなければ何も動かないという「繁文縟礼」，規則と上司の指令さえ守っていれば身分は保障されることから，（たとえ必要なことであっても）例外的行動，革新的行動はわが身かわいさに一切しないという「保身主義」といったものがあげられる．阪神淡路大震災の折には，官僚制組織がまったく機能しなかったことが

度々マスコミによって報道された．知事からの書面上の要請を欠いていたため，自衛隊は救援活動へ出ることが遅れた（繁文縟礼，保身主義）．わずかな条件不足から，自治体が被災住民の仮設住宅への入居を認めないということもしばしば起こった（形式主義，保身主義）．

　また，官僚制の原則④「職務の専門化」は，セクショナリズム，秘密主義，責任回避などの弊害を生み出す．セクショナリズムとは，本来は全体の職務遂行能力を高める目的で行われているセクション別の専門化及び各セクションへの権限委譲が，各セクションの利害を優先させ，セクション間の対立を引き起こしてしまうことである．また，このセクショナリズムのゆえに，重大な失敗がセクション内部で隠蔽されてしまうというような秘密主義や，複数のセクションを横断するような案件，あるいは未知の案件について，「それは自己の部署の責任ではなく他の部署の権限である」といった具合にたらい回しされてしまう責任回避の問題などが生じてくる．本来は合理的・効率的なはずの官僚制が，少しも合理的・効率的でなく，本来の組織目標の実現を妨げているのである．

(3) マクドナルド化

　ファストフード・レストラン時代の幕開けとなった 1950 年代のはじめころ，人々はファストフードではなく，さまざまな市場で前もって食材を手に入れ，家庭料理を作って食べていた．この買い物は，料理をする前に狩猟に出たり，野菜や果物を採集するような，それ以前のやり方よりは明らかに効率的であった．…もっとも家庭料理は，食事をする方法としてはまだまだ非効率的であった．市場に行き，材料を買い，料理し，食べ，そして片づけをしなければならないからである．レストランへ行く方が，労力という点でずっと効率的であった（ジョージ・リッツァ『マクドナルド化する社会』（正岡寛司監訳）早稲田大学出版部，1999 年，72-73 頁）．

　…フランチャイズの発展以前には，モーテルはさまざまな場所にあって，は

34

なはだ予測不可能なものであった．…モーテルによって所有者も従業員もまるで異なっていたので，客は常に安全でゆっくり寝られるとは限らなかった．あるモーテルはきわめて快適で，豪華でさえあったが，別のモーテルはみすぼらしかった．客はさまざまな備品があるかどうか入ってみるまでわからなかった．つまり石鹸，シャンプー，電話，ラジオ（のちにはテレビ），エアコン，…こうしたものがなくても文句は言えなかったのである．モーテルにチェックインするのはちょっとした冒険だった．というのも，旅行者にはそこで何を期待できるのかまるでわからなかったからである（ジョージ・リッツァ，前掲書，135-136頁）．

　ウェーバーは近代化を**呪術からの解放**，すなわち**合理化**の過程としてとらえている．ここでいう合理化とは，目的―手段関係の整合性や能率の論理にもとづき，目的に対する最適な手段を人々が共有しあうようになること，あるいは，論理的首尾一貫性や科学的認識にもとづいて，予測性や確実性を高めることで日々の生活に安定をもたらすことである．前近代社会において，人々は迷信や宗教の教えにもとづいて意思決定を行っていた．例えば，作物が生育する夏に雨がまったく降らない状況が続いていたとする．①雨が降らないのは，天にいる神様が怒っている証拠だから，雨乞いの儀式をして神様をなだめ，なんとか雨を降らせてもらおうと考えるのが前近代社会における人々の発想であった．そこにあるのはきわめて不確実で不安定な世界である．しかし，近代社会に住むわれわれは①のようには考えない．われわれは，②雨が降らないのは，雨を降らせるような気象条件を欠いているからだ，よって今年はこのままでいけば間違いなく不作になる，だから不作に備えて外国から米や小麦をいつもより多く輸入するための準備をしておこう，と考えることだろう．われわれの思考が①から②へと変化していくことが合理化なのである．狩猟採集よりも市場に行って買い物をする方が手っ取り早く食材を調達することができるし，家庭で料理するよりもレストランで食事した方が「食べる」という目的を簡単に実現できる．また，全国どこにでもあるホテル・チェーンに宿泊すれば，今夜宿泊

するホテルでどんなサービスが受けられるかを前もって予測することができる．名前を聞いたこともないような安ホテルに宿泊し，今夜はどんな食事にありつけるのだろうか，シャワーからちゃんと温かいお湯が出るのだろうか，布団が湿ってはいないだろうかなどという心配をする必要はないのである．そこにあるのは予測可能で安定しているがゆえに安心して生活することのできる世界である．

　ウェーバーのいう合理性をもっともよくあらわしているのが，組織の目標を最適に実現するための管理運営体系である官僚制だろう．また，「労働者を徹底的に支配するための人間によらない技術体系」であるテーラー・システムやフォード・システムも，作業の世界，生産の世界を科学的に認識し，そこに最大限の効率性をもたらしたという意味において，合理的なシステムの典型に数え上げられている．

　リッツァ（Ritzer, G.）は，ウェーバーの合理化理論を現代に拡張し，**マクドナルド化**（McDonaldzation）のパラダイムを提示する．マクドナルド化とは，ファストフード・レストランの諸原理が，アメリカ社会のみならず，世界の国々のますます多くの分野で優勢になる現象である．リッツァは，①効率性，②計算可能性，③予測可能性，④制御の4つの合理化の次元を，ファストフード・レストランが人々をひきつけて放さない中核原理として位置づけている．

　「効率性」とは，すでに発見され制度化された最適手段を利用することを通じて，目的に対して最適な手段を実現することである．「食べる」という目的を手っ取り早く実現するための最短の距離をたどることといってもよい．そのために，ファストフード・レストランでは作業工程の簡素化や商品の単純化が徹底されているのである．この効率性を実現するために，定量化できること，計算できることといった「計算可能性」を高めることが重視される．ファストフード・レストランの商品は，「ビッグマック」や「クオーターパウンダー」に代表されるように，その量が問題とされている．そこでは質よりも量が重視されるのである．定量化が可能なものは計算することも容易である．ファスト・フードレストランでは調理や給仕における時間，量が正確に測定され，マ

表2-2　マクドナルド化の4つの次元

マクドナルド化の次元		要点	ファストフードにおける具体例	大学における具体例
効率性	目的に対して最適な手段を選択できること	作業工程の簡素化	作業ラインをスムーズに流すために、バンズを前もって完全にスライスしたり、パテの間に油をつけた紙を挟んだりしておく	マークシート方式の試験、教科書会社のパックサービス
		商品の単純化	料理するのも給仕するのも食べるのも簡単な商品（ハンバーガー）、限定されたメニュー	
		客を働かせる	客に列を作らせ、食べ物をテーブルまで運んでもらい、ゴミを捨てさせる（サラダバー、ドリンクバー、ドライブスルー）	出席管理システム
計算可能性	定量化できること、計算できること	質よりも量を重視する、量への幻想	「ビッグマック」などの商品名に象徴されるような量の重視、その結果として消費者に与える少額で大きなものを食べているのだという幻想	学んだことや教育経験の質ではなく、学生がどんな成績を獲得したかが教育の焦点となる（GPA）、半期15コマの授業消化、授業評価
		生産過程における正確さの重視	調理と給仕における時間、量の測定⇒「シェフ」がいらなくなる	
予測可能性	ほとんどの時間や場面において、何が期待できるかを前もって知ること	舞台の複製	看板や店の物理的構造が世界中どこでも同じである	教育設備（教室）の標準化
		マニュアル通りの接客	客と従業員の関係の儀礼化、ルーティン化	
		予測可能な従業員の行動	従業員に強制されるドレスコード、その組織にふさわしい態度や仕事の仕方の遵守	
		予測可能な商品	商品の標準化の徹底（ピクルスの切り幅の徹底、材料の品質、大きさ、形についてのガイドライン）	カリキュラム、教科書の標準化
制御	システムへのコントロールを強化すること、人間の技能から人間によらない技能に置き換えること	製品と生産工程の制御	自動ソフトドリンク分配機、コンピュータ化されたレジスタ、コックの閉め出しと10代後半の若者の雇用	コンピュータ・ネットワークによる履修登録
		客の制御	「コンヴェア・システム」に沿った移動、利用時間の制限	「従順であることの学習」

（Ritzer, 1999）を参考に作成

ニュアル化される．マニュアルに従うことで，誰でも（シェフや熟練したウェイターでなくても）一定水準以上の調理や給仕をすることが可能になる．

　また，ファストフード・レストランでは，「ほとんどの場面や時間において何が期待できるかを前もって知る」ことができる．これが「予測可能性」である．例えば，わたしたちは国内，国外を問わず，どこに行ってもマクドナルドに入れば，ほぼ同じようなサービス（同じ店舗設備，同じメニュー，同じ接客）を

受けることができる．それは意外な驚きがない，面白みのないことかもしれない．しかし，わたしたちはその面白みのなさと引き換えに，日々の活動における「安心」を得ることができるのである．この予測可能性を高め，維持するためには，システムへのコントロールを強化する必要がある．それが「制御」である．制御は，人間の技能から人間によらない技術体系への置換えによって実現できる．一番確実なのは，生産工程を機械化などしてシステムをコントロールすることだろう．機械は人間のように気まぐれではないから，常に安定した確実な成果を期待することが可能なのである．また，機械化が難しければ，従業員に対してマニュアルを徹底し，従業員をロボットのように働かせればよい．そのようにしてシステムへの制御を強化することで，効率性や予測可能性が高まるのである．

　以上の４つの原理が浸透していくこと，すなわち，マクドナルド化はファストフードの世界を超えて学校，病院，マスコミといったあらゆる生活領域に拡大浸透しているとリッツァはいう．そして，リッツァはマクドナルド化の利点として，多様な商品及びサービスを人口の大部分が利用できるようになったこと，人々がほとんど即時に欲求やニーズを満たす商品を簡単に入手できるようになったこと，商品やサービスが均一性の高いものになったこと，夜中でも金銭を手に入れたり，預金通帳を調べたりなど，以前には考えられなかったようなことが可能になったことなどをあげている．

　しかし，リッツァはまた，マクドナルド化がもたらす否定的な側面，非効率性や脱人間化を**合理性の非合理性**として指摘し，これをその利点以上に問題視する（表2-3）．また，マクドナルドの原理が社会の多くの領域を支配することでわれわれがそこから逃れることが難しくなることに加え，その合理的なシステムが人々の制御から離れて突っ走り，非人間的システムに転じてしまうことを「マクドナルド化の鉄の檻」とよび，これに警鐘を鳴らしてもいる（Ritzer, 1999）．

38

表2-3　マクドナルド化「合理性の非合理性」

合理性の非合理性		具体的事例
非効率性	客にとっては少しも効率的でない	レジ待ちの長い列，セルフサービスのガソリンスタンド・スーパーマーケット
	低い生産性	相対的に低い生産性でしか働かないティーンエイジャー（最低賃金で大量に雇うのでその低い生産性は許容される）
	革新や新機軸を創出できない	ハンバーガー以外の商品でめぼしいものを開発したことがない（逆にいえば，よく知られた商品とサービスを売ることには優れている）
高いコスト		ファストフードの食事のコストは家庭で作る食事のコストを上回る．また，ディズニーランドも思われている以上に「高価なバカンス」である
楽しさの幻想，リアリティの幻想		人びとは「楽しさ」という幻想の中で，相対的に高い金額を払って数ペニーの価値しかない食べ物，フェイクな食べ物を買わされる
脱人間化	健康への被害	塩，砂糖，脂肪の多い食事を常用する人びとを生み出す
	環境破壊	生物学的に分解不能な大量のゴミ，形の揃ったジャガイモを生産する必要から生じる化学肥料の多用，大量のムダ
	客と従業員の脱人間化	食べ物をつめこむ作業ラインに乗せられた「下等動物」である客，持っている技術のすべてを使えず，仕事に関して考えたり創造的であることを許されない従業員
	人間関係への否定的影響	従業員と客，従業員同士の接触・関係の極端な省略
	均質化・平準化	エスニックな特徴や都市ごとの差異の消失，季節の差異の排除

(Ritzer, 1999) を参考に作成

◆◆もうちょっと詳しくみてみよう！◆◆

◆官僚制を乗りこえる途─ネットワークへ─

　官僚制の逆機能は，医療ミスとその隠蔽，食品偽装，年金問題といった官僚制組織が引き起こすありとあらゆる問題に見え隠れしている．しかし，官僚制が近代組織を運営していくための原理としてなくてはならないものであるということも動かしがたい事実であろう．われわれはどのようにして，この官僚制の逆機能という問題を乗りこえていけるのだろうか．そのヒントが，先にふれた阪神淡路大震災の教訓のなかにあるのだ．軍隊や行政機構といった典型的な官僚制組織は，規則遵守という足枷のために，震災という流動的な状況に対し

てまったく機能することができなかった．その時に活躍したのは，ボランティ
アグループなどのNPO（非営利組織）だったことをおぼえているだろうか．

　なぜ，災害というきわめて流動的な状況にあって，役所や自衛隊といった組
織が機能不全に陥っている一方で，ボランティアグループはやすやすと活躍す
ることができたのだろうか．それは，ボランティアグループはその組織原理
として官僚制を採用していないからである．ボランティアグループは，ネット
ワーク（network）という組織原理で動いている．ネットワークの最大の特徴は，
インターネットをみればわかるように，中心がなく，全体を構成する一つひと
つが緩やかにつながっているということである．すなわち，ネットワークとは，
メンバーを固定せず，核となる意思決定者も想定せず，またメンバー間の関係
を対等とすることによって組織の構造化をできるだけ回避し，メンバー個々の
自律性・自発性を最大限に発揮することができるような組織原理であるといえ
る．官僚制が中央集権的なピラミッド状（ツリー状）の構造であるのに対して，
ネットワークは多頭的な網状（リゾーム状）の「柔らかい」構造を特徴とする．
ボランティアグループが震災時に活躍したのは，各メンバーが自発的な意思で
自由に動くことができたからに他ならない．つまり，ネットワーク化した組織
の方が，官僚制化した組織よりも柔軟に変化に対応しやすいといえるのである．

　現在，企業では劇的な経営環境の変化に対応しうるような組織編成が求めら
れている．そのような柔軟な組織への試みが，たとえばプロジェクトチーム
（project team）であり，マトリックス組織（matrix organization）である．プロジェ
クトチームとは，従来の官僚制組織の既存の枠組み（セクション）では解決でき
ないような，いくつかのセクションを横断する新事業・新製品の開発，全社的
な経営合理化といった課題（プロジェクト）を解決するために，関係するエキス
パートを集めて臨時に編成され，目的達成後に解散される組織内組織である．
プロジェクトチームの利点は，チームに官僚制的な序列が持ち込まれず，チー
ムの全員が平等なメンバーとして自由に自分の力を発揮できる点にあるとされ
る．いわば，官僚制組織に一時的にネットワーク原理を持ち込もうとするのが
プロジェクトチームであるといえる．

　また，典型的なマトリックス組織は，図2-2が示しているように，官僚制組織（タテ組織）とプロジェクトチーム（ヨコ組織）を組み合わせた組織である．つまり，ネットワーク原理が組織編成においてあらかじめ考慮に入れられている組織形態なのである．もともと，航空宇宙産業で考案されたというマトリックス組織の最大の特徴は，うまくいけば，職務の専門化という官僚制組織の利点と機動的な事業展開というプロジェクトチームの利点を双方ともに享受できる点にある．

　また，タテ系統とヨコ系統に二人の上司がいるというツーボス（two-boss）システムもマトリックス組織の大きな特徴であるといえる．しかし，このマトリックス組織のツーボスシステムは，時に指揮命令系統の混乱を生じさせることがあるし，意思決定の迅速さを欠くという欠点をもつ．組織原理として，ネットワークは官僚制の欠点を補うことができるが，前者が後者よりも優れているというのではない．ネットワーク原理は，何よりもメンバーの協働関係が不安定であり，組織としての意思決定が困難をきわめるという大きな弱点をもつのである．

　官僚制組織の弱点を補うため，企業，行政機関，学校，病院などの組織で，

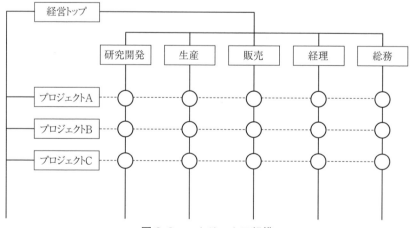

図2-2　マトリックス組織

「縦割り組織に『横串』を刺すため」のさまざまな試みがされ始めている.

◆◆さあ，考えてみよう！◆◆

Q1. 病院など医療機関で生じたアクシデントに関する新聞記事を探し，その事故について「官僚制の逆機能」という観点から説明してください.

Q2. G. リッツァによれば，ディズニーランドもまたマクドナルド化しているといえる．その理由を①効率性，②計算可能性，③予測可能性，④制御の四点から説明した上で，マクドナルド化されているがゆえの非合理性についても論じてください.

第3章　近代家族をめぐる問題
―家族のない家庭と子ども―

◆◆キーワード◆◆

家族と家庭（family/home）　家族は，狭義には，血縁及び婚姻によって結ばれた親子やきょうだい，少数の近親者を主要なメンバーとする社会集団である．これに対して家庭とは，家族を構成するメンバー間に想定される長期的に信頼できる関係性や心理的一体性，いわば「絆」を意味する概念である．広義の〈家族〉とは血縁及び婚姻関係によって結ばれ，相互に深い絆をもつメンバーから構成される集団とされ，狭義の家族と家庭を足し合わせたものである．

オルタナティブ家族（alternative family）　alternative は「代替物」，簡単にいうと，「既存のものにとって代わるもの」「他に選ぶべきもの」といった意味をもつ言葉である．魚住明代によれば，オルタナティブ家族とは，われわれが「こうあるべき」と考える家族を超えた，「結婚や出産を選択しない人，同性パートナーと子育てをする人，血縁や婚姻関係にない同居人と固い絆で結ばれている人びと」などを主要なメンバーとする家族を意味している．

ネットワークのなかの家族／ネットワークしての家族（family in / as network）
野沢慎司が提唱する「ネットワーク」という概念から家族をとらえる新しい視点である．ネットワークとは，社会に張り巡らされている人間関係の網の目（ネット）であり，従来は凝集性が高く境界が明確な「集団」としてとらえられてきた家族（またはコミュニティ）を，職場の同僚や学校のクラスメイト，近隣，遠距離に住む知人，友人，親族，あるいはインターネット上で関係をもつ人等様々な人間関係のマトリックスのなかで理解する視点が「ネットワークのなか

の家族」である．また，家族という枠組みそのものも，たとえば，私，父，母，祖母，兄からなるネットワークと集合体とみなすことができる．それが「ネットワークとしての家族」である．

世帯（household）　居住と家計を共にする者の集まりであり，国勢調査や国民生活基礎調査などで用いられる行政上，統計上の概念．国勢調査では世帯を大きく一般世帯と施設等の世帯に分類している．一般世帯は「家族」と重なる部分が大きいが，世帯には別居している家族員が含まれない，同居している非家族員は含まれるという点で，家族と厳密には一致しない．

パーソナリティ機能　家族がメンバーのために果たす様々な活動を家族の機能というが，家族の機能は近代化とともに縮小してきたといわれる．かつて，家族は経済，教育，宗教，娯楽，保護などといった様々な機能を果たしてきたが，近代化が進むにつれてそれらの機能は企業や学校，行政などの専門制度体に委譲され，家族員の愛情の拠りどころとなる機能，そして，パーソナリティ機能だけが家族の機能として残された．T.パーソンズは，現代の核家族に残された機能として子どもの社会化（パーソナリティ形成）とおとなのパーソナリティ安定化の２つをあげている．両方ともパーソナリティにかかわる機能なので，まとめてパーソナリティ機能ともよばれる．

性別役割分業（gender role division）　男／女という性別を理由として割り振られている行動様式や期待される態度を性役割という．「男は外で仕事，女は家庭で家事育児」のような，近代社会において分業化され固定化された性役割が性別役割分業で，性別役割分業は近代の産物とされる．近代社会においては，空間が公的領域と私的領域に二分化され，公的領域である政治や経済はもっぱら男性に委ねられ，私的領域である家庭は女性の手によって担われるようになったのである．

M 字型曲線（M-shaped curve） 日本の女性の労働力率（年齢階級別人口に占める労働力人口の割合で，「働く意志をもつ人」の割合を示す指標である）を年齢階級別にグラフ化すると，25 〜 29 歳（少し前までは 20 〜 24 歳）と 45 〜 49 歳を山として 30 〜 34 歳を谷とするアルファベットの「M」のような形になる．これは日本の女性が結婚や出産をきっかけに一時退職し，育児後に再就職するライフスタイルのあらわれである．近年，その谷の部分が浅くはなってきてはいるが，日本の女子労働力率が描くそのような形を M 字型曲線という．日本や韓国の女子労働力率が M 字型であるのに対し，スウェーデンやアメリカ，カナダの女子労働力率は谷のない台形型（逆 U 字型）を描いている．

〈近代家族〉（modern family） 近代社会とともに現れる「家族のあり方」のこと．①核家族というスタイル（夫婦家族制），②家族のメンバーの間に強い情緒的関係がみられること，③母親が家事育児をすること（性別役割分業），④公的領域に対する私的領域としての位置づけなど，われわれが「これこそ家族である」と感じるような家族を，落合恵美子は，「歴史的なひとつの類型だという自覚をこめて」〈近代家族〉とよんだ．

1. 家族が見えにくいのはなぜか？

(1) 家族のない家庭の時代へ

一つの家庭で，家族が同じ屋根の下で暮らし，食卓を共にし，おしゃべりに時を過ごす日常は，今も昔も変わらないと，まだみんななんとなく思っている．／けれども，その中で暮らす家族たちの心も家庭生活の実態も，昔とはすっかり違ってしまった．／テレビのホーム・ドラマに選ばれる家庭は，スナックとか美容院などのお店屋さんが多い，という．自由に，気楽に，だれもが出入りする開放的な団欒家庭を舞台にしたいためである．／しかしながら，私たちの実際の家庭を，少し冷たい目で見ると，テレビドラマの家庭とは，まことに対照的である．みんなドラマの団欒の中でしか，古きよき家庭らしさを味わうことができない．／核家族化した各家庭は，それぞれお互いに孤立化し，人の出

入りもまれである．だれもが，家庭にいながら，心は外に向いている．／一緒にいながら，テレビを通して“外”を見ている父と母．高ヴォリュームのステレオ・ウォークマンの一人だけの世界に閉じこもる息子，娘．それぞれ話し相手が欲しくなると，“外”のだれかと電話でおしゃべりをする．／せめて食事をともにし，おしゃべりに時をすごす家庭生活は，まだ残っていると思っていた．／しかし，もはやしゃべりあう機会もない．それぞれ好きなときに，ばらばらに食事をとる（小此木啓吾『家庭のない家族の時代』ちくま文庫，1992 年，10-11 頁）．

　かつて，精神医学者である小此木啓吾は，必要以上に美化されている反面，本来夫婦や親子の間で結ばれるべき濃密な絆や親密さを欠いている家族を，隠喩的に「ホテル家族」，「劇場家族」，「サナトリウム家族」などとよび，現代（1980 年代前半）が「家庭のない家族の時代」であることに警鐘を鳴らした．

　家族（family）とは，狭義には，夫婦・親子・きょうだいなど，血縁及び婚姻によって結ばれた比較的少数の近親者を主要な構成メンバーとする社会集団である．これに対して，家庭（home）とは，家族の構成メンバーが相互にもつ長期的に安定した信頼できる関係性，いわば「絆」を意味する概念であるといえる．すなわち，小此木が 1983 年にその著書『家庭のない家族の時代』で主張していることは，昔の家族にみることができた絆や団欒が，現代の家族にはもはやみられないということである．

　もちろん，多くの社会史家たちが明らかにするところによれば，家族という関係にあるメンバーの間に，この絆や団欒が普遍的に存在していた訳ではない．ただ，山田昌弘（2001）が指摘しているように，制度的な家族をもつことが自動的に絆や団欒を保持することと同じであると思えた時代，すなわち家族関係のなかに家庭生活が存在していた時代が，日本では戦後，高度成長期の頃までは確かにあったのだ．小此木は，高度成長期が終わって 10 年が経過した 1983 年において，家族に本来あるべき絆や団欒がもはやないのだと嘆いてみせたのである．

　小此木の嘆きから，さらに40年近くが経過した現在，日本の家族は相変わらず，そこに絆や団欒の関係を見いだせないまま存在しているのだろうか？その点について，山田は次のようにいう．

　家族だからと言って，自動的に「絆」が形成されるわけではないという認識が深まっている．／一方で，同性愛カップル，事実婚，グループホームに一緒に住む人，ペットをかわいがる人のように，制度的家族から離れた所に「絆」を求めようとする人が出現してきた．彼（女）らは，ことさら，自分たちの関係こそが「本当の家族」であることを強調する．つまり，絆を家族と読み替えているのである．これらの関係は，新たな家族のかたちとも言えるが，正しくは，制度的家族と絆が分離した形態なのである（山田昌弘『家族というリスク』勁草書房，2001年，5頁）．

(2) オルタナティブ家族，ネットワークのなかの家族

　現在の日本において，人々は絆（＝家庭）を，家族の関係にはない人にも求めるようになったと山田は指摘する．たとえば，家庭生活を送るということは「一緒に暮らす」ことを意味するものだし，夫婦や親子，きょうだいといった「家族」という関係にある人と一緒に暮らすのだという認識がわれわれのなかにはある．しかし現実には，家族という関係にある人と一緒に暮らすことを選択しない人が増えているというのだ．

　静岡・中伊豆の福祉共生マンション「友だち村」に住む鈴江みち子さんは，夫の死後，ひとり娘の近くで暮らしていたが，「甘えだしたらきりがない」と同居はしなかった．「友だち村」の構想を知ったのは，ちょうどひとりの夕食が寂しくなった頃であり，日本舞踊や福祉の仕事など何かに打ち込んできた他の女性入居予定者たちと話し合い，「この人たちとなら，気持ちが通じ合える」と移住を決めたのだと，ある新聞記事は伝えている．つまり，そこでは「共に暮らす」相手として家族が選ばれず，代わりに信頼しあえる仲間が選択されているのだ（『朝日新聞』2003年5月8日朝刊）．

　また，この「一緒に暮らす」相手として，同性愛の相手や，夫婦ではない異性，ペット（ここにいたってはヒトですらない）が選ばれるケースも増えてきている．小此木が警鐘を鳴らした「家庭のない家族」は，もはやわれわれにとって当たり前の風景になってしまっている．われわれが新鮮な驚きをもって注目するのは，今や「家庭のない家族」ではなく，「家族のない家庭」の方なのである．

　家族を構成する個々のメンバーが集団としての家族を志向せず，個人として家族以外の生活領域へのつながりを深めることを「個人化」というが（目黒，1987），家族の個人化は今着実に進んでいるといえる．標準的な家族をもつことが必然であった時代から，いまやわれわれは，家族をもたないという選択肢も含めて，どのような家族をもつのか，また他の家族員との間にどのような関係をもつのかについて多様な選択肢をもちうるようになった．いわば家族をもつことが個人のライフスタイルの問題になりつつあるといえる．そのような時代に，「夫婦・親子・きょうだいなど，血縁及び婚姻によって結ばれた比較的少数の近親者を主要な構成メンバーとする社会集団」だけを家族とみなしたり，家族のメンバーの間には絆や団欒がなければならないと思い込んだりすることは，われわれが直接対峙している現代の〈家族〉について何か重要なものを見落とす危険性をはらんでいるのではないだろうか．

　家族に関する常識からはとらえきれない家族，集団という切り口からは見えない家族を視野におさめるための視点が，「オルタナティブ家族」と「ネットワークのなかの家族」である．alternative は「代替物」，簡単にいうと，「既存のものにとって代わるもの」，「他に選ぶべきもの」といった意味をもつ言葉である．魚住明代によれば，**オルタナティブ家族**とは，われわれが「こうあるべき」と考える家族（いわゆる〈近代家族〉）を超えた，「結婚や出産を選択しない人，同性パートナーと子育てをする人，血縁や婚姻関係にない同居人と固い絆で結ばれている人びと」などを主要なメンバーとする，「型にはまらない」家族を意味している（魚住，2010）．シングル・マザーや事実婚カップル，同性カップル，あるいは子連れ再婚家族である「ステップ・ファミリー」，先に紹介した鈴江さんの「友だち村」のような居住共同体など，従来はあるべき家族

から逸脱しているとみなされてきた関係を「オルタナティブ」なものとしてすくいあげる発想は，われわれが家族に対して抱いている固定的な観念を変更し，将来における家族のあり方についてのヒントをくれるに違いない．

　また，「ネットワーク」という概念も，現代家族をとらえる視点の更新をわれわれに迫るものである．ネットワークとは，社会に張り巡らされている人間関係の網の目（ネット）である．野沢慎司は，従来は凝集性が高く境界が明確な「集団」としてとらえられてきた家族（またはコミュニティ）を，職場の同僚や学校のクラスメイト，近隣，遠距離に住む知人，友人，親族，あるいはインターネット上で関係をもつ人等様々な人間関係のマトリックスのなかで理解する視点を**ネットワークのなかの家族**とよんでいる（野沢，1999；2009）．たとえば，夫婦と子からなる核家族世帯と祖父母も同居する三世代同居世帯では，どちらが子育てにおいて有利な状況にあるだろうか？　誰もが三世代世帯の方が有利であると答えるだろう．なぜなら，核家族世帯の場合，子育てに関わることができるのは最大限で父母の2人であるのに対して，三世代同居世帯の場合，祖父母がともに健在であれば，最大限4人の人的資源が利用できるからだ．家族を集団としてとらえる限りその答えは正しい．しかし，もしその核家族世帯の近所，徒歩圏内に妻の親夫婦と独身の妹が住んでいたらどうだろう？　加えて，最寄りの駅から3駅以内に，妻の学生時代の友人や子育てサークルを通じて知り合った「ママ友」がたくさん住んでいて，妻がそれらの友人に対して子育てについて協力を依頼できる立場にあるとしたらどうだろう？　その場合，この核家族世帯が子育てにおいて必ずしも不利な状況に置かれているとはいえなくなる．

　「ネットワークのなかの家族」という概念は，家族一人ひとりが家族の外にもっている人間関係の網の目（パーソナル・ネットワーク）に着目することで，家族を明確な境界線をもつ集団としてとらえるのではなく，家族のメンバーが個々に結ぶ「関係の複雑なマトリックスのなかの重要な一部分」とみなすことによって，「一緒に暮らしている家族」を過大評価せず，一緒に暮らしていない家族や友人，知人などのネットワークを資源として利用できることの可能性

をわれわれに示唆しているのである（野沢，2009）.

2. ダウンサイズする家族

　「家族のない家庭」とともに現代家族を読み解く重要なキーワードが，「ダウンサイズする家族」である.

　表3-1 は，国民生活基礎調査における世帯数及びその構成割合を，1970 年から 2015 年まで５年ごとに示したものである. 世帯（household）とは，居住と家計をともにする人々からなる集団であるが，よりわかりやすく表現すると，「一緒に暮らす人たち」の集まりといってよい. 国民生活基礎調査では，世帯を大きく単独世帯，核家族世帯，三世代世帯の３つに分類している. 単独世帯は世帯主一人から構成される世帯，いわば「ひとり暮らし」のことである. 核家族世帯の「核家族（nuclear family）」とは，一組の夫婦とその未婚の子からなる単位であり，文化人類学者マードック（Murdock, J. P.）の命名による. マードックは，夫婦とその子という単位が単独で存在するか，あるいはより大きな複合的家族の構成要素として存在するかの違いはあっても，それを「核」家族（核とはそれ以上分割できないもののことである）とよび，人類にとって普遍的な社会集団であるとした. ただし，国民生活基礎調査の場合，核家族そのもの

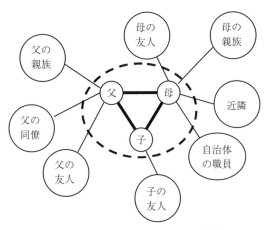

図 3-1　ネットワークのなかの家族

を指す「夫婦と未婚の子のみの世帯」に加えて，「夫婦のみの世帯」と「ひとり親と未婚の子のみの世帯」も核家族世帯というカテゴリーに含められている．三世代世帯とは，子どもとその父母，祖父母が共に生活する，いわば「サザエさん」的な世帯である．

さて，表3-1から，世帯構造についてどのような変化が読み取れるだろうか．それぞれの世帯の各年の構成割合に注目してもらいたい．まず，単独世帯は1985年を境にして総世帯に占める構成割合を大幅に増やしており，2015年では26.8％が単独世帯，すなわち4世帯に1世帯はひとり暮らしなのである．核家族世帯は，総数では「世帯総数」に占める割合に大きな変化はみられないが，その内訳をみると，「夫婦のみの世帯」の構成割合が大幅に増え，「夫婦と未婚の子のみの世帯」がその分だけ割合を減らしている．「三世代世帯」は1970年

表3-1　世帯構造及び平均世帯人員の推移

単位：千世帯
下段：構成割合

| | 世帯総数 | 単独世帯 | 核家族世帯 | | | | 三世代世帯 | その他の世帯 | 平均世帯人員 |
			総数	夫婦のみの世帯	夫婦と未婚の子のみの世帯	ひとり親と未婚の子のみの世帯			
1970年	29,887	5,542	17,028	3,196	12,301	1,531	5,739	1,577	3.45
	100	18.5	57.0	10.7	41.2	5.1	19.2	5.3	
1975年	32,877	5,991	19,304	3,877	14,043	1,385	5,548	2,034	3.35
	100	18.2	58.7	11.8	42.7	4.2	16.9	6.2	
1980年	35,338	6,402	21,318	4,619	15,220	1,480	5,714	1,904	3.28
	100	18.1	60.3	13.1	43.1	4.2	16.2	5.4	
1985年	37,226	6,850	22,744	5,423	15,604	1,718	5,672	1,959	3.22
	100	18.4	61.1	14.6	41.9	4.6	15.2	5.3	
1990年	40,273	8,446	24,154	6,695	15,398	2,060	5,428	2,245	3.05
	100	21.0	60.0	16.6	38.2	5.1	13.5	5.6	
1995年	40,770	9,213	23,997	7,488	14,398	2,112	5,082	2,478	2.91
	100	22.6	58.9	18.4	35.3	5.2	12.5	6.1	
2000年	45,545	10,988	26,938	9,422	14,924	2,592	4,823	2,796	2.76
	100	24.1	59.1	20.7	32.8	5.7	10.6	6.1	
2005年	47,043	11,580	27,872	10,295	14,609	2,968	4,575	3,016	2.68
	100	24.6	59.2	21.9	31.1	6.3	9.7	6.4	
2010年	48,638	12,386	29,097	10,994	14,922	3,180	3,835	3,320	2.59
	100	25.5	59.8	22.6	30.7	6.5	7.9	6.8	
2015年	50,361	13,517	33,580	11,872	14,820	3,624	3,264	3,265	2.49
	100.0	26.8	60.2	23.6	29.4	7.2	6.5	6.5	

出所）国民生活基礎調査

以降，一貫して総世帯に占める割合を減らし続け，2015 年には 6.5％と全体の
1 割を大幅に下回るにいたった．すなわち，すべての世帯のうち，ひとり暮ら
しと夫婦 2 人暮らしの割合が大きくなっている反面，サザエさん的大家族の割
合はもちろんのこと，夫婦とその子という「むきだしの核家族」の割合までも
が年々小さくなってきているのだ．そのことは，平均世帯人員の推移をみても
わかるように，家族（世帯）のサイズが小さくなってきていることを意味する．
同居する家族の人数は，1995 年以降 3 人を切り，以降も年々減少の一途を辿っ
ている（国民生活基礎調査で平均世帯人員が 3 を割るのは 1992 年のことである）．
　家族は，ダウンサイズしている．家族のダウンサイズは，家族の生活にどの
ような影響を及ぼすのだろうか？　次にそれを家族の機能という観点からみて
いきたい．

3.　核家族の機能の変化，核家族の構造
（1）家族は安らぎの場？
　機能（function）とは，社会学では本来，部分が全体の維持・存続のために果
たさなければならない働きを意味する用語であるが，家族の機能という場合は，
「家族がそのメンバーのために果たすさまざまな活動」という程度の意味で使
われていることが多いので，ここではそれに従うことにする．
　家族がダウンサイジングすることによって，家族機能が弱化しているという
ことがよく指摘される．たとえば，ひとり暮らしや老夫婦 2 人の世帯の中で，
その中のひとりが介護を必要とする状態になった場合，誰がその人を介護する
のだろうか？　その場合，もはや家族は介護という機能を果たすことができな
いだろう．家族機能が社会の変化に応じて変わってきている（弱くなってきて
いる）ことを最初に指摘したのは，オグバーン（Ogburn, W. F.）である．オグバー
ンによれば，前近代社会において，家族は経済・教育・宗教・娯楽・保護・地
位付与・愛情という 7 つの機能を果たしていた．しかし，産業化にともなって
企業や学校，政府といった専門化された制度体が誕生すると，愛情以外の 6 つ
の機能はそれらの制度体に委譲されるか，あるいは家族から失われるか弱まる

かし，最終的に愛情という機能だけが家族に残された．このオグバーンの説を**家族機能縮小論**というが，これは家族機能が近代化とともに弱化するという見解を代表するものである．

このオグバーンの見解に対して，バージェス（Burgess, E. W.）は，家族の機能は経済や保護，娯楽といった機能についてみれば確かに「縮小」しているといえるが，それらの機能は家族にとって付加的な機能にすぎず，家族の機能は，その本質的な機能とでもいうべき愛情機能，すなわちメンバー間の情愛の授受や生殖，そして子どもの養育及び人格形成に専門特化されたのだと主張した（これを「家族機能専門化論」という）．

バージェスの，家族機能が縮小したのではなく，本来果たすべき機能に専門特化していったという見解は，パーソンズ（Parsons, T.）のいう**パーソナリティ機能**にもみることができる．パーソナリティ（personality）の定義は，学者によって大きく異なるのだが，その人独自のまとまりのある行動体制であり，能力や気質，性格が結び合わさったものとして広く理解されている．パーソンズは，核家族の基本的かつ衰退することのない機能として，①子どもの社会化（すなわちパーソナリティの形成）と，②おとなのパーソナリティ安定化の2つをあげている．このどちらの機能も人間のパーソナリティにかかわる機能なので，2つまとめてパーソナリティ機能ともよばれる．つまり，子どもをその社会に適合的な人間として育て上げることと，おとなの疲弊し傷ついた心を癒すことである．総括すれば，家族のメンバーに「心の安らぎ」を与えることは，家族が果たすべき，色褪せることのない最も重要な役割だとパーソンズはいうのだ．

家族機能がパーソナリティ機能，とりわけ家族に心の安らぎや絆を求めるパーソナリティ安定化へ集中してきていることは，次の図3-2からもうかがうことができる．内閣府「国民生活に関する世論調査」における「あなたにとって家族はどのような意義をもっていますか．この中からいくつでもあげてください」という問いに対して，66.5％の人が「家族団らんの場」を，61.5％の人が「休息・やすらぎの場」を，そして54.9％の人が「家族の絆を強める場」をあげている．これに対して，「子どもを生み・育てる場」，「子どもをしつける

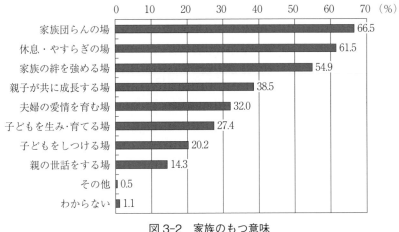

図 3-2　家族のもつ意味

出所）『国民生活白書（平成 19 年版）』

場」，「親の世話をする場」の回答率はそれほど高くなっていない．また，この質問の選択肢にはないが，家族の存在意義を「経済的な安定」や「社会的な信用」に求める人も決して多くはない．現在において，家族機能はパーソナリティの安定化により集中してきている．わかりやすく言い換えれば，家族は，もっぱら家族メンバーの心の安らぎの拠りどころとして存在するということである．

　家族が，メンバーにとって精神的な安らぎを満たすためだけの場として存在しているという事実を，どのようにとらえればよいのだろうか．もし，人々にとって家族を形成する理由が愛情や心の安らぎを得るためだけにあるとするならば，それは常に家族の解体という危険性をはらんでいる．愛情や心の安らぎとは，人間の感情であり，感情は自分ではコントロールするのがむずかしいし，安定的なものでもない．夫婦が新婚当初と同じような愛情を何十年もお互いの間に感じるという保証はないし，親やきょうだいとの生活やコミュニケーションが情緒的な安らぎをもたらしてくれるとも限らない．社会が家族の必要性をもっぱら愛情や心の安らぎに認めている場合，家族のメンバーに愛情を感じられなくなったとき，あるいは家族が心の安らぎを提供してくれなくなったとき，

その人にとって家族はたちどころに存在意義を失うのである．家族が愛情だけでなく，経済，教育，保護，娯楽といった多面的な機能を果たしている時代には，たとえそこに愛情がなくても家族生活を継続していくことができたであろう．しかし家族の機能，すなわち存在意義が愛情にだけ集中してしまうと，愛情のない家族は存続することがむずかしくなるのである．

(2) 性別役割分業と M 字型曲線

　機能の次に，構造（structure）という概念に目を向けてみよう．構造とは，全体を構成する諸部分間の相対的に安定した相互関係を指す用語で，社会学では機能とセットで用いられることが多い．核家族のパーソナリティ機能を提唱したパーソンズは，「核家族の構造」について，図3-3のように図示している．

　パーソンズらによれば，家族のような小集団を維持していくためには2つの役割が必要であるという．一つは生活の手段を整え，家族を社会に適応させる**手段的役割**（instrumental role）であり，もう一つは集団のメンバー間の緊張を解きほぐし，精神的安定を図る**表出的役割**（expressive role）である．パーソンズは，前者は主に父であり夫である男性によって，後者は主に妻であり母である女性によって担われる傾向があると説明した．しかし，この核家族の構造に関するパーソンズ説は，後にフェミニズムから大きな非難を浴びることになる．なぜならこの説は，所得を得るのは主として父＝夫の役割，家事や家族のパーソナリティ安定化は主として母＝妻の役割と読むことができ，それは「男は仕事，女性は家事・育児」という**性別役割分業**（gender role division）を正当化する理論に他ならないからである．

	手段的役割優先	表出的役割優先
勢力上の優位	父（夫）	母（妻）
勢力上の劣位	息子（兄弟）	娘（娘）

図 3-3　T. パーソンズによる核家族の構造

　もし，核家族の構造が，「男は仕事，女性は家事・育児」という性別役割分業であるとするなら，それはどんな問題を抱えているのだろうか．マルクス主義フェミニズムなどは，家事労働が無償労働（unpaid work）であるという問題点を指摘している．無償労働とは，れっきとした労働であるにもかかわらず，資本主義システムの中にあって経済的に評価されない，すなわち賃金や報酬が支払われない家事・育児・介護のような労働のことである．性別役割分業によって，女性が無償労働たる家事・育児を割り当てられているからこそ，女性の経済的地位が低く，そのことが女性を男性に依存させているのだとマルクス主義フェミニズムは主張する．

　図3-4の年齢別女子労働力率を示したグラフをみてほしい．労働力率とは総人口に占める働く意思をもった人（就業者に完全失業者を加えたもの）の割合のことである．1970年の女子労働力率は，20～24歳で約70％ともっとも高いが，25～29歳の年齢層で大幅に低くなり，30歳代後半，40歳代で回復するも20歳代前半のピーク時には及ばない．1970年のような折れ線グラフは，側面からみた馬の形に似ていることから「馬の背型曲線」とよばれている．学卒後の短い期間，一時的に就職するが，20歳代半ばからの結婚・出産をきっかけに退職して家庭に入り，以後専業主婦として家庭にとどまるという女性のライフコースで示すものである．

　これに対して，1990年の折れ線グラフは，きれいにアルファベットのMを描いている．20～24歳と45～49歳が2つの山になる典型的な**M字型曲線**である．70年と比較すると，結婚ないしは出産による労働力率の低下が緩やかになっており，また，子育て終了後の再就職による労働力率の上昇をはっきりとみることができる．この当時の日本や韓国（ヨーロッパではイギリス）の年齢別女子労働力率のグラフはM字型を示しているが，アメリカやカナダ，スウェーデンの女子労働力率は谷のない台形型であり，また同じ日本でも，男性の年齢別労働力率を示したグラフには谷がない．このM字型曲線は，性別役割分業意識を反映する一方で，日本の女性に（そして労働力率がM字を示す他の国の女性に）育児期の就労断念を強いるような社会制度の存在をほのめかして

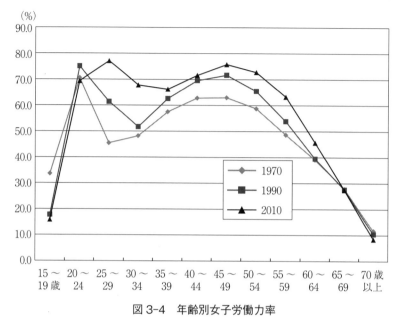

(%)

図3-4　年齢別女子労働力率

出所)「労働力調査」

いる.

　また，M字の2つ目の山の大半を，パートタイム労働者などの非正規雇用者が占めているという問題も指摘されている．子育てが一段落した後で再就職する女性は，家事との両立を考えて，非正規の短時間労働者を選択することが多いが，これは雇う企業側にとっても低賃金雇用でコストを抑えることが可能になり，また不景気には簡単に契約を打ち切ることのできる，いわば「景気の調節弁」として活用できるというメリットがあるのだ.

　2010年では，谷が以前と比較して浅く，少子化の影響からか谷の期間も短くなっている（また，晩婚化によって労働力率の低下が30歳代にずれ込んでもいる）が，年齢別女子労働力率がM字を描いていることに依然として変わりはない．つまり，核家族は女性が無償労働たる家事・育児を担うことで成り立っており，この構造が女性の経済的地位を決定づけているのだ.

4.　近代家族と〈子ども〉

(1) 近代家族

　この章の中で確認してきたような，メンバー間にみられる強い情緒的関係（心の安らぎ，愛情）や性別役割分業（女性が家事をする），子どもの社会化機能（子どもをしつける）を特徴とする家族を，落合恵美子は〈**近代家族**〉とよぶ．われわれが「それってフツウの家族だよね」と思い込んでいるそれらの家族を，なぜ落合があえて〈近代家族〉とよんだのかといえば，社会史的な観点からすれば，そのような家族は実は少しもフツウ（普遍的）ではないからである．

　社会史では，家族構成員が強い情緒的関係で結ばれ，子どもの社会化を基本的な機能とし，性別役割分業という基本構造をもつ〈近代家族〉は，19世紀西欧の中産階級において誕生したとする見解が一般的である．近代以前の社会においては，強い情緒的関係が夫婦や親子に限定されていたわけではなく，近隣や職場といったより広い範囲に緩やかな情緒的関係が存在していたといわれている．また，子育ての責任も家族に限定されず，親族集団や近隣，共同体に分散していたことが指摘されている．同様に女性が主婦として家事・育児に専念するようになったのも19世紀西欧の中産階級においてであり，それがすべての階級や他の地域に浸透するのは20世紀に入ってからのことなのである．われわれが最も家族らしいと考える家族は，実は標準的な家族などではなく，歴史にいくつか存在する家族類型の一つにすぎないことをハッキリさせるために，落合は〈近代家族〉というキーワードを使ってみせたのだ．

(2)〈子ども〉の誕生

　われわれおとなは〈子ども〉という存在に対してどのようなイメージを抱いているのだろうか？　授業の中で，学生に「子どもと聞いてイメージするものは何ですか？」という質問をすると，可愛い，無邪気だ，純粋だ，ケガレを知らないといった答えが返ってくる．われわれの社会では，子どもはおとなとは異なる存在，純真無垢な存在として認識されている．だから，人間関係において狡猾に立ち回る子どもや，おとなびたもの言いをする子どもは，「子どもら

しくない」というマイナスの評価を受けることになる．そう，〈子ども〉とは
あくまで純粋な心，童心をもつ存在でなければならないのだ．

　しかし，そうした〈子ども〉観が，いつでも，どこででも，自明であるとは
限らない．フランスの歴史家アリエス（Ariès, P.）は，その著書『〈子供〉の誕生』
の中で，子どもとは純真無垢な存在であり，それ故にある年齢層を「子ども期」
として区切って愛情と教育の対象としなければならないという見方が，近代化
の進展とともに西欧社会で形成された歴史的産物であることを指摘している．
中世ヨーロッパでは，そのような「子ども期」という概念はなく，子どもが〈子
ども〉扱いされることもなく，おとなと比較して身体が小さく能力が劣る「小
さなおとな」としてみなされていたという．しかし，17世紀から18世紀にか
けて，子どもは無知で無垢な存在であるという認識が教育者やモラリストの間
で一般化されていった．同時にその認識は，子どもは無垢であるが故に社会の
荒波から庇護しなければならない，また，無知だから，これを一人前にするた
めには厳しくしつけや教育を行わなければならない，という意識を生み出すこ
とになった．こうして大人とは明確に区別され，愛情，教育の対象である〈子
ども〉というライフステージが誕生したのだとアリエスはいう（Aries, 1981）．

　一方，日本では，明治初期に近代西欧からそのような〈子ども〉観の影響を
受けながらも，やや異なったプロセスで〈子ども〉というライフステージが誕
生したと河原は分析している．

　明治維新まで，子どもは子どもとして大人から区別される以前に，封建社会
の一員としてまず武士の子どもであり，町人の子どもであり，あるいは農民の
子どもであった．さらに男女の別があり，同じ家族に生まれても男児と女児で
はまったく違った扱いを受けた．たとえば武家の跡取りの子どもは，いつ父
親が死んでも家格相応の役人として一人前に勤め，禄を得ることができるよう，
早くから厳しい教育が施されたし，農民の子どもも幼いころから親の仕事を手
伝い，村の子ども集団に参加して共同体の一員としての役割を担った．…子ど
もたちは封建的区分のなかで，所属する階層や男女の別に応じて，それにふさ

わしい大人となるようしつけられた（河原和枝『子ども観の近代─『赤い鳥』と「童心」の理想』中公新書，1998年，7-8頁）．

　日本でも明治期に入るまでは，おとなとは区別される〈子ども〉という年齢カテゴリー，ライフステージはなかった．しかし，近代国家を担う国民の育成を目指して明治5年（1872年）に公布された学制によって，武士の子ども，町人の子ども，農民の子どもは，義務教育の対象として「児童」という年齢カテゴリーに一括され，学校という均質な空間に一挙に掬い取られたのだと河原はいう（河原，1998）．

(3) 教育する家族と消費財としての子ども

　先にもふれたように，アメリカの社会学者であるパーソンズ（Parsons, T.）は，現代の核家族が担う基本的な機能として，① 子どもが社会の構成員になりうるための社会化（socialization）と，② 成人のパーソナリティ安定化の二点をあげている．近代以前の社会では，家族はモノを生産する経済機能，家族のメンバーを保護する機能，娯楽機能や宗教機能，教育機能，地位付与機能，愛情機能など多面的な機能を担っていた．ところが，近代化＝産業化に伴い，かつて家族が果たしていたそれらの機能は，企業や国家，教会，学校といった専門的な制度に委譲されていく．そして，**子どもの社会化**（子どもを社会の構成員としてしつけていくこと）と，おとなのパーソナリティの安定化（情緒的に満足している状態を作り出すこと）だけが，現代の核家族に残された重要な機能であるとパーソンズは主張するのだ．

　パーソンズのそうした指摘を待つまでもなく，現代社会に生きるわれわれは，子どものしつけはその親，すなわち家庭に帰すべき責任であるという認識を共有している．たとえば，電車の中で騒いでいる子どもがいれば，それを注意すべきなのはその子どもの親である．もし赤の他人がすすんでその子どもを叱りつけるようなことをすれば，騒いでいる子どもよりも叱りつけたおとなの方が注目をあびるに違いない．

　しかし，多くの社会史家が指摘するように，前近代社会においては，しつけを含めた子育ての責任は家族（より正確にいえば核家族）に収斂しておらず，さらに広い親族集団や近隣，共同体に分散していた．また，子どものしつけそのものに対しても，必ずしも十分な注意は払われてこなかったという．日本でも第二次世界大戦が終わる頃まで，子育ての責任や子どもの社会化に対する責任は，親族ネットワークや近隣に委ねられていた．だが，広田照幸の指摘によれば，大正期，1910年代から20年代にかけて都市部に新しく出現した専門職や俸給生活者といった新中間層とよばれる社会階層の中に，「家族こそが子どもの意図的な教育の責任を負っている」という意識が芽生え始める．子どもを産み育てることを家族の主要な価値であるとみなす，いわゆる**教育家族**の誕生である．教育家族は，子どもの人間形成に関する直接責任が他の誰でもなくその親（とりわけその母親）にあるという明確な意識をもち，子どもを「濃密な教育的視線の下で養育する」ことをモットーとする．親子のふれあいやコミュニケーションを通じて基本的な生活習慣や礼儀作法を習得させることを親の責任とし，子どもの学歴取得に多大な関心を払うこの教育家族的な態度は，1960年代にあらゆる社会階層に拡大していった．戦後，産業構造の変化，すなわち第一次産業従事者比率の低下と被雇用労働者の増加という状況を前にして，どのような階層の親であれ，子どもの学歴取得には無関心でいられなくなったことがその背景にある（広田，1996）．

　教育家族的な態度があらゆる階層の家族へ浸透する一方で，日本では高度経済成長期において，子どもの存在意義が**「投資財」**から**「消費財」**へ転換したといわれる．近代以前の社会において，子どもは親にとって，労働力として，あるいは自分の老後を養ってくれる存在として，見返りが期待できる「投資財」であった．しかし，産業構造の高度化や核家族化の進行によって，子どもは見返りが期待できる存在，すなわち，イエの跡継ぎでも労働力を期待できる存在でもなくなった．それでは，なぜ親は子どもを育てるのだろうか？　それは子どもが「かわいいから」に他ならない．いまや子どもは，育てている間に親に楽しみや生きがいを与えてくれる「消費財」なのである．

(4) 親の自己実現としての子育てと児童虐待

　「投資財」として子どもに見返りを求めることは，きわめて打算的で人間として冷酷な考え方であるように思える．それに対して，かわいいから子どもを育てる，あるいは生きがいを与えてくれるから子育ては素晴らしいというような子ども観をわれわれは素直に受けとめることができる．しかし，子どもを「消費財」とするこの見方にも，「投資財」とは違った意味で，親のエゴイズムが見え隠れしているのである．

　かわいいがゆえに育てる，楽しみを与えてくれるから育てるという子育て観は，逆にいえば，かわいくなければ育てない，楽しみを与えてくれなければ育てないという子どもを否定する理由を親側に提供することにつながりかねない．

　山田昌弘は，近代社会における子どもの存在意義を「消費財」ではなく「名誉財」と表現したほうが正しいのではないかと提言する．子育てが親にとって楽しみや生きがいとなるのは，子どもをよりよく育てることができた時であり，子どもをよりよく育てることができたという事実は，親の「名誉」として返ってくるからだ（山田，1997）．子育てをそのようなものと認識する場合，それは山田のいう「アイデンティティとしての子育て」，すなわち，自分の存在証明としての子育て，もしくは自己実現としての子育てに他ならない．この場合，「子育て」のアクセントは子ども側にあるのではなく，あくまで親側にあるのだ．

　唐突ではあるが，ここで児童虐待という現象に視点を移してみたい．次の図3-5は，児童相談所における児童虐待に関する相談対応件数の推移を示したものである．2000年に**児童虐待防止法**が施行されたが，その前年あたりから児童虐待の相談対応件数が飛躍的に増加したことがこの図から読み取れる（もちろん，この図はあくまでも相談対応件数を示したものであり，このうちの何割かは児童虐待ではなく，逆にこの数字に反映されない児童虐待も相当数存在すると考えられる）．

　児童虐待において，主たる虐待者の大部分が実の親であるが，なぜ，実の親が我が子を虐待するようなことが起こるのだろうか．庄司は児童虐待の原因の一つに，親の自己中心性と子どもの私物化をあげている．

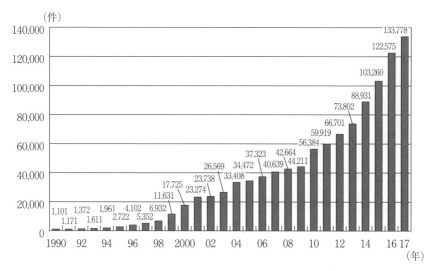

図 3-5　児童相談所における児童虐待に関する相談対応件数

出所）厚生労働省「児童相談所における児童虐待相談対応件数」※各年は年度．2010 年は福島県を除いた集計値．

　庄司洋子によれば，児童虐待には，過保護・過干渉がいつしか虐待につながっていく虐待する母親の多くにみられるタイプと，比較的少数の親にみられる極端な放任・無視あるいは暴力という二つのタイプがあるという．しかし，一見異なってみえるこの二つのタイプの児童虐待は，現代の親の自己中心性と子どもの私物化という共通の根から生じたものであると庄司は指摘する．すなわち，前者は子どもの欲求や自発性を無視して，子どもを自己実現の対象物とみなす姿勢から，後者は子どもが存在することの負担感から，子どもを自己実現の妨害物とみなす姿勢から生じる児童虐待なのである（庄司，2002）．

◆◆もうちょっと詳しくみてみよう！◆◆

◆夫婦別姓にみる家族の揺らぎ

　日本では，民法 750 条「夫婦は，婚姻の際に定めるところに従い，夫又は妻の氏を称する」によって，夫婦が同じ姓を名乗らなければならず，結婚すると

夫婦のいずれか一方が改姓しなければならない．夫婦の協議によって，夫の姓を名乗っても妻の姓を名乗ってもよいのだが，イエ制度の名残からか，現実には妻が改姓するケースが圧倒的に多い（98％前後で推移している）．そこで，女性だけが姓を変えなければならないのは不公平だという議論が噴出し，その問題を解決すべく夫婦別姓の制度を導入しようという動きが1990年代に入ってから活発化していった．1991年には法務省法制審議会が夫婦別姓の審議を始め，1996年には夫婦別姓を選択できるよう750条を改正する試案「民法改正要綱案」が法制審議会によって発表された．

　法制審議会で夫婦別姓が審議されたことは1950年代にもあったが，最終決定は留保されたままになっていた．なぜ1990年代に至って再度夫婦別姓についての議論が活発化してきたのかといえば，それは一つには女性をめぐる雇用情勢が高度成長期を経て大きく変わったからであるといえる．この40年の間に，女性の雇用労働者化が進んだ．男性と対等な立場で働く女性にとって，ときに結婚による改姓は「信用と実績の継続」を困難なものにする．ある新聞記事では，付き合っていた男性と結婚ではなく，同居を始めた女性が紹介されている．電機メーカーの研究者であるこの女性は，「論文で評価される研究者にとって，名前を変えることなど考えられない」と訴える．男性と同じようなキャリアを歩む女性にしてみれば，なぜ女性だけが結婚によって不利益を被らなければならないのかという結論にいたるのは当然のことかもしれない．

　また，家族の多様化も，夫婦別姓議論を再活性化させている原因の一つである．個人のライフコースが多様化し，離婚，非婚，事実婚，ひとり親家族，ステップ・ファミリー（子連れ再婚家族）等のライフコースが少数派とはいえなくなってきている現在，夫婦が同じ姓でなければならないという制度はむしろナンセンスであろう．

　そのような女性の立場をめぐる変化から，夫婦別姓議論が再活性化し，ついに2001年に内閣府が行った世論では，夫婦別姓容認（あくまで容認であって支持ではないが…）派が反対派を上回るという事態に至ったのである．夫婦別姓を容認（または支持）する側は，個人とりわけ女性の人格権の問題から夫婦同姓

を批判する．そこでは，夫婦同姓という制度では，姓の定め方における男女間の平等性に問題があり，それは女性の人格的利益を侵害する可能性があるから，夫婦別姓という選択肢を設けるべきであるという主張がされている．その一方で，夫婦別姓に反対する側は，夫婦別姓という選択肢の設定とその選択により，夫婦や親子の一体感が損なわれてしまうことを危惧する論調をとる者が多い．夫婦別姓をめぐる議論は，いわば，家族か，それとも女性の自己実現かという近代家族における課題を象徴しているのである．また，それは同時に個人か集団かというきわめて社会学的な命題を表してもいる．

◆◆さあ，考えてみよう！◆◆

Q1. 本文で示されているような鈴江さんの「友だち村」は「家族」とよべるのでしょうか．それともそれを「家族」とよぶのは不適切なのでしょうか．その判定をしてください．

Q2. 夫婦別姓について，あなたは賛成ですか．あるいは反対ですか．賛否とともに，その理由も述べてください．

第4章　コミュニティとネットワーク
―地域における絆という問題―

◆◆キーワード◆◆

コミュニティ（community）　100通りもの定義があるとされる多義的な概念であるが，「地域性」と「共同性」を共通項とするとされる．社会学の専門用語として最も有名なのはR.M.マッキーバーによるコミュニティであろう．マッキーバーは，人間生活における関心が包括的なものなのかそれとも特定のものなのか，また，その発生が自然的なものなのかそれとも人為的なものなのかという2つの点を基準として，社会集団をコミュニティとアソシエーション（community/association）とに分類するが，人々が特定の目的を達成するために人為的に組織した集団であるアソシエーションに対して，コミュニティを①自然に発生し，②多機能的で職住が明確に分離していない空間的な領域であって，③その構成員たちが生活全般に及ぶ関心を共有しあい相互扶助的な共同生活を営む集団であるとした．

全国総合開発計画　全国総合開発計画は，国土総合開発法にもとづく10〜15年の社会資本の整備計画である．様々な公共事業の上位計画であり，地方の開発計画や開発の方向性はその枠内で決定された．過去に五度の全国総合開発計画があったが，人口減少時代を迎えつつある中，政府は2005年，国土総合開発法を改正し国土形成計画法を成立させ，これによって開発志向の全国総合開発計画が廃止され，脱開発型の国土形成計画に代わった．

過疎地域　産業化や都市化などに伴う人口流出によって，それまでの生活水準または生活パターンが維持できない状態になった過疎地域の問題を過疎問題と

いう．過疎地域においては，若年層の人口流出により地域人口が高齢化し，老人問題が深刻になるとともに，医療・教育・消防・買物など地域生活の基礎的条件を維持する施設の縮小や活動水準の低下をまねき，資源の効率的利用が困難となって地域の生産機能も低下している．学校統廃合などの教育問題，防災の女性化問題などもその一端である．

シカゴ学派 (Chicago school)　ミシガン湖の湖岸にあるちっぽけな港町にすぎなかったシカゴは，20世紀の初頭，大陸横断鉄道の結節点となって以来，産業化，都市化が進み，ヨーロッパの様々な国から大量の移民が流入した．そのためにシカゴでは，民族間の軋轢や社会階層間の格差といった産業化による都市問題がいち早く顕著なものとなっていた．そんな都市シカゴを目の前にするシカゴ大学は，19世紀末にアメリカで初めて社会学部が創設された大学である．シカゴ大学社会学部に集まった社会学者たちによって形成された学派がシカゴ学派とよばれ，A. W. スモールやW. I. トマス（第一世代），R. E. パーク，E. W. バージェス，W. F. オグバーン，L. ワース（第二世代），H. G. ブルーマー，E. C. ヒューズ（第三世代）などの社会学者がいる．

アーバニズム (urbanism)　L. ワースは，人口量が大きく，人口密度が高く，人口の異質性が高いことを原因として都市に生じる特徴的な生活様式をアーバニズムとよぶ．アーバニズムとしてワースが指摘するものは，都市人口が社会階層やエスニシティなどに応じて空間的に分化する現象である「凝離（segregation）」や高い移動性などの①生態学的側面，社会関係において親密かつ全人格的な第一次接触が弱体化し，代わって一面的，非人格的な第二次接触が優位となるなどの②社会関係的側面，無関心や主体性の喪失，精神分裂的性格，個人主義などの③社会心理的側面の３つに分類することができる．

ジェネリック・シティ (generic city)　ケータイなどのモバイル機器の急速な普及によって人々の生活の大部分が電脳空間に移行し，そのあとに残された均

質で歴史性を欠いた世界中どこにでもあるような都市，中心性や個性を欠いた都市のこと．R. コールハースによって指摘された．

町内会・自治会　第2次世界大戦中に大政翼賛会の末端組織として整備された町内会・隣組が起源であるとされる．町内会の他に自治会，部落会，区会などの呼称をもつ．町内会・自治会の特徴として，①加入単位は世帯，②一定地域居住に伴い加入は半自動的（ただし義務ではない），③機能的には未分化（多機能的）であり，現在は主として，④行政末端の補完機能，⑤地域住民同士の親睦機能を果たしているが，⑥保守的政治勢力の温存基盤として否定的にとらえられてきた等の点をあげることができる．

コミュニティ解放論　B. ウェルマンは，都市化にともなう人間関係の変容に対する問いを「コミュニティ問題」とし，それに対する解答として，都市化によって人と人との絆が地域から喪失したという見解（コミュニティ喪失論），都市化にもかかわらず人と人との絆が相変わらず地域の中に存続しているのだという見解（コミュニティ存続論）があることを指摘した．その上でウェルマンは，以上2つの見解に対して，交通・通信手段が飛躍的に発展した現在，人と人との親密な絆が必ずしも地域という空間に制約される必要はないこと，その絆は空間的な制約から解放され，分散的なネットワークの形をとって広域的に存在しうることを指摘する．そのような考えを指して「コミュニティ解放論」という．

社会関係資本 (social capital)　社会関係資本の定義は多様であるが，N. リンによれば，社会関係と社会構造に埋め込まれた資源からなり，なんらかの目的実現を目指して行為する人々が，成功の可能性を増やしたいときに用いるものであるという理解，つまり社会関係資本を集合財としてとらえる視点は共通項であるという．人的資本や文化資本と同じように，人間関係に対して経済資本（＝市場で利益を得ることを目的としてなされる資源投資）の概念を類推的に活用した

ものが社会関係資本といえる.

1. コミュニティとしての地域社会
(1) 幻のコミュニティ

　阿部和重『シンセミア』(2004 年) の舞台となるのは,「神町」というコミュニティである. 作者の故郷でもある現実の山形県東根市神町と多くの部分で重なりながらも, 完全にフィクションとして構成されているこの東北の田舎町をここであえてコミュニティとよんでみるのは, この「神町」に, 多くの現実の町において失われてしまったコミュニティの要素を見いだすことができるからだ.

　日本語としては「地域」と翻訳されることの多いコミュニティ (community) には 100 弱の定義があるという. 最近では, SNS (Social Network Service) 上のグループをコミュニティとよび, この場合, 現実の「地域」とは無縁なインターネット上のゆるいつながりを指しているのだが, そのこともコミュニティという概念がいかに多義的であるかを示す一つの証拠となるだろう. しかし, 社会学において最も著名なコミュニティは, なんといってもマッキーバー (MacIver, R. M.) によって定式化されたものであろう. マッキーバーは, 人間生活における関心が包括的なものなのかそれとも特定のものなのか, また, その発生が自然的なものなのかそれとも人為的なものなのかという 2 つの点を基準として, 社会集団をコミュニティとアソシエーション (community/association) とに分類した. マッキーバーに従えば, 人々が特定の目的を達成するために人為的に組織した集団であるアソシエーションに対して, ①自然に発生し, ②多機能的で職住が明確に分離していない空間的な領域であって, ③その構成員たちが生活全般に及ぶ関心を共有しあい相互扶助的な共同生活を営む集団がコミュニティなのである.

　田宮明・博徳父子, 博徳の友人で神町交番の警官である中山正, 神町青年団の松尾丈士, 笠谷保宏といった『シンセミア』の主要な登場人物たちは,「神町」の中で (「パンの田宮」を中心とする半径数キロメートル以内で) 働き, 生活し, 遊

び回り，そしてさまざまな策略をはりめぐらす．「神町」という比較的狭小な地域のなかで，ある程度自足的な社会生活が営まれているといえる．また，『シンセミア』の登場人物の大部分はお互いに年少の頃からの顔見知りであり，何十年にもわたって多面的かつ全人格的なつき合いを重ねてきている．たとえば，「パンの田宮」の経営者である田宮明は，地下カジノバーを経営する麻生繁芳や土建屋で「インチキ市会議員」の笠谷宗太らとの親の代からの「腐れ縁」に縛られ，「神町の秩序を守るという建前」の下，嫌々ながらも「自警団的な治安維持活動」「他所者に対する嫌がらせ」「商売敵の排除」などの実行部隊として暗躍している．「ただのパン屋」たらんことを欲する田村明が繁芳や宗太らと結んでいる濃密な人間関係は「その場所でともに生きる」ことを契機として自然に発生したものであり，彼らは良くも悪くも生活全般に及ぶ関心を共有しあっているのだといえる．

しかし，マッキーバーが定式化したようなコミュニティをわれわれの身近に，とりわけ大都市やその周辺に見つけることはとても難しくなってきている．なぜなら，自然発生的で職住が明確に分離しておらず，メンバーが包括的な関心を共有しあう相互扶助的な共同生活の場など，もはやこの国にあるどの都市を探してもそう簡単には見つからないからだ．都会の高層マンションで生まれ育った学生にマッキーバーのコミュニティの含意を説明するのはとても骨の折れることである．なぜなら，彼らはそのような〈コミュニティ〉での生活を実際に体験したこともなければ，おそらく目にしたこともないからだ．

私も「神町」と同じような東北の田舎町に生まれ育った．その田舎町に住む私の同級生の多くは自宅で農業や商売を営んでいるか，あるいは同じ地域内の役場や農協，学校，工場などに勤めており，ほぼ毎日，午後7時前後には家族揃って夕食のテーブルを囲む生活を送っている．それが「職住が明確に分離していない」ということなのだ．また，地域に住む人々のほとんどが生まれて以来の顔見知りであって，全人格をもっての相互扶助的なつき合いが死ぬまで続けられる．「全人格をもっての相互扶助的なつき合い」とは，お互いを名前（ファーストネーム）で認知しあい，親密で感情的な接触をし，困っているとき

には利害を抜きにしてお互いに助け合うような理想的な関係を指している.

東北の田舎町においては現在もなおマッキーバーのいうコミュニティ的な要素が残っているかもしれないが,しかし,それとて完全なものではない『シンセミア』の「神町」にしても,登場人物たちの生活がこの地域内で完結しているという訳ではないだろう.通学や買物やレジャー等,ときに彼らの行動は地域の枠組みを超えて他地域に及んでいるし,警察や自衛隊といった地域間に跨る大組織の末端をなす派出所や自衛隊官舎などの存在は,このコミュニティの自己完結性を絶えず脅かしているのである.また,そのような地域の自己完結的な枠組みが揺らぐことにともない,全人格的,相互扶助的であることを特徴とするようなコミュニティ的な人間関係も大きな動揺をみせることになる.たとえば『シンセミア』の田宮明と笠谷宗太はお互いに利害の一致する場合には打算的に協力し合うのだが,そうでない場合にはお互いに反目し憎みあう.そのような人間関係は,コミュニティ的な人間関係としてわれわれが想定しているものとはかけ離れているだろう.そう考えると,21世紀の現在にあって,マッキーバーが定式化したようなコミュニティなどもはやどこにも存在せず,それは既に幻であるといえるのかもしれない.

(2) 期待概念としてのコミュニティ

また,マッキーバーの〈コミュニティ〉とは別に,わが国においてコミュニティは行政用語として定着している.経済企画庁は1969年の国民生活審議会調査部会答申「コミュニティ─生活の場における人間性の回復」において,コミュニティを「生活の場において,市民としての自主性と責任を自覚した個人及び家庭を構成主体として,地域性と各種の共通目標を持った,開放的でしかも構成員相互に信頼のある集団」と定義した.この答申では,そこで人間的な接触が生まれ,生活の場への帰属感が保障されるなどあらゆる意味で日常生活の基盤となる地域共同体構築の必要性が説かれているのであるが,この答申をきっかけとしてコミュニティという用語は一般社会に流布していく.奥田道大によれば,この答申の背後には,高度成長期において日本社会における伝

統的な地域共同体が変容，解体していったこと，そして，それに代わる新たな
地域共同体の構築を迫られていたという問題が見え隠れしているという（奥田,
1993）.

　すなわち，そこでは近代化や都市化の波にさらされ解体しつつある日本の伝
統的な地域共同体に代えて構築することが期待される，いまだ存在しない新し
い地域共同体に対して「コミュニティ」という名前が与えられているのである.
この答申で想定されているような新しい地域共同体を奥田にならって**期待概念
としてのコミュニティ**とよんでみることにする.「期待概念としてのコミュニ
ティ」は,「市民としての自主性と責任を自覚した個人」「開放的」を強調する
点できわめて近代的であり，日本社会の伝統的な地域共同体とは一線を画して
いる. また,「構築される」ということが前提とされている点で自生的である
ことを強調するマッキーバー的コミュニティとも大きく異なっているといえよ
う.

(3) 戦後日本社会とコミュニティ

　1969 年の国民生活審議会調査部会答申から 40 年余りが経過したが，われわ
れは「期待概念としてのコミュニティ」を実現できたのだろうか？　そのこと
を再確認するために，戦後の日本社会における地域の問題をもう少し詳しくみ
ていきたい. 図 4-1 は，戦後の日本社会における地域問題を簡略化して示した
ものである.

　日本の地域問題は大都市，地方農村の 2 つの軸から示すことができる. 戦後
を通じて，大都市から地方農村へは「産業化，アーバニズムの浸透」が続く.
大都市周辺部で操業していた工場が農村であった地方に進出していくのと同時
に，アーバニズム＝都市で生まれた生活様式が戦後一貫して地方農村へ浸透し
ていくのである. 一方，地方農村から大都市へは，これも戦後一貫して「離村
向都」という動きをみることができる. 戦後の農地改革による零細規模農家の
創出，農業基本法（1961 年）に基づく農業経営近代化によって，地方農村で創
出された剰余人口は大都市へと流入し，これが人口集中や大都市圏の拡大につ

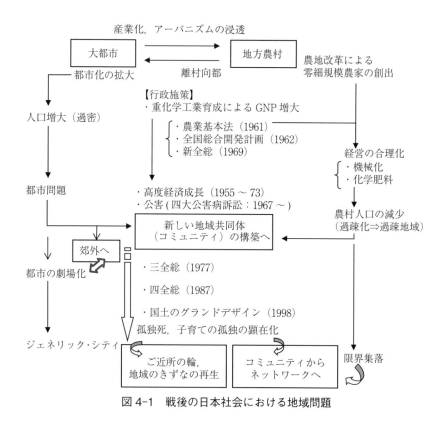

産業化，アーバニズムの浸透

図 4-1　戦後の日本社会における地域問題

ながっていく.

　戦後の復興期を通り過ぎ，「もはや戦後ではない」段階に突入した日本社会の課題は高度経済成長であった．1960 年，当時の池田内閣は「国民所得倍増計画」を打ち出し，公共投資の工業開発への集中によって 10 年後の GNP を 2 倍にすることを宣言した．この政策のための 2 本の柱が，農業基本法と**全国総合開発計画**である．農業の生産性向上と所得水準の引き上げを目標として 1961 年に策定された農業基本法は，機械化や化学肥料の多用によって農業経営の合理化をはかり，また，そのことによって零細規模農家の離農，都市部への集中，工業生産を支える賃金労働者への転化を促すなど，重化学工業の育成による GNP の増大という政策を実現するための構造改革を推し進めていった．

また，翌 1962 年，池田内閣の下で策定された全国総合開発計画 (旧全総または一全総) では「拠点開発方式」がとられ太平洋ベルト地帯以外の地域も含めて全国 21 ヵ所の新産業都市が指定される．さらに，1969 年佐藤内閣が策定した新全国総合開発計画 (新全総) では苫小牧東部やむつ小川原といった巨大工業基地の開発が進められるなど，国土計画における最優先課題として地域における工業開発が前面に打ち出された (→表 4-1)．高度経済成長期において，日本は欧米の 2 倍に相当する年平均実質 10% 程度という驚異的な経済成長をとげ，1968 年には GNP がアメリカに次いで自由主義経済世界で第 2 位となる．この日本における「豊かな社会」の実現は，「所得倍増計画」や奇跡の高度経済成長を下支えしたその他の諸政策が正しかったことの証拠であるかのようにみえる．

　しかし，GNP が飛躍的に上昇したからといって，われわれは本当に「豊か」になることができたのだろうか？　四大公害訴訟が始まり，人々が「生活の質 (QOL)」に目を向けるようになった 1960 年代の終わり頃からそのような疑問がわれわれの脳裏をかすめるようになってきた．ここで地域の問題に立ち返るのなら，まず地方農村においては，農村人口の減少により過疎化に歯止めがかからなくなり，地方農村のいたるところに**過疎地域**が出現してくる．「過疎地域」とは，過疎地域自立促進特別措置法の定義によれば，「35 年間人口減少率が 0.3 以上であること，あるいは 35 年間人口減少率が 0.25 以上であって 65 歳以上の人口の比率が 0.24 以上であること，もしくは 35 年間人口減少率が 0.25

表 4-1　全国総合開発計画

	策定年	背景	主な事業
旧全総	1962 年	所得倍増	拠点開発方式 (新産業都市)
新全総	1969 年	高度経済成長	巨大工業基地 (苫小牧東部, むつ小川原など)
三全総	1977 年	安定成長	定住圏構想, テクノポリス
四全総	1987 年	東京一極集中	多極分散型国土リゾート開発
五全総 (21 世紀の国土のグランドデザイン)	1998 年	高度情報化	多軸型の国土形成

以上であって 15 歳以上 30 歳未満の人口の比率が 0.15 以下であること，三か年度の財力指数の平均が 0.42 以下である」市町村のことである．この定義からもわかるように，過疎地域では，若年層の人口流出により地域人口が高齢化して老人問題が深刻になるとともに，医療・教育・消防・買物など地域生活の基礎的条件を維持する施設の縮小や活動水準の低下をまねき，資源の効率的利用が困難となって，それが地域の生産機能の低下に結びつくという悪循環が続く．すなわち，地方農村では地域共同体を維持できなくなるのである．

大都市及びその近郊においては，離村向都の原理に従って人口が集中し，地方農村とは逆の状態，すなわち過密が生じてくる．過密は都市公害，交通混乱や交通事故の多発，土地や住宅の不足や無秩序な乱開発，インフラ整備の立ち遅れといった様々な都市問題を生み出すことになる．また，L. ワースの「アーバニズム」論が示しているように（アーバニズムについては後述する），第二次接触の優位や匿名性，精神的孤立といった都市に特徴的な生活様式は，何よりも都市住民を近隣地域やその他の人間関係から疎外してしまうことが指摘されている．大都市及びその近郊においても，地方農村とは違った意味で，地域共同体の維持が難しくなる．思い出してほしいのだが，経済企画庁によって「コミュニティ―生活の場における人間性の回復」という答申が出されたのは 1969 年であった．大都市における過密や都市問題，地方農村における過疎の問題が顕著になり，従来の地域共同体の変容・解体が明白になった頃である．誰もが「コミュニティ」という新しい地域共同体を希求し，それに大いなる期待を抱き始めた頃でもある．

(4) 定住圏構想と限界集落

1970 年前後から，こうして新しい地域共同体（コミュニティ）を構築しようとする動きがみられるのだが，それは福田内閣の下 1977 年に策定された 3 番目の国土計画「第三次全国総合開発計画（三全総）」にはっきりとあらわれている．三全総では，全総，新全総の工業開発優先が継承されず，地方での定住を促進するために，自然環境，生活環境，生産環境の調和を図りつつ，人間居住

の総合的環境を整備するという「定住圏構想」が打ち出された．定住圏とは，「都市，農村漁村を一体として，山地，平野部，海の広がりをもつ圏域」である．国土庁（当時）の「全国は，およそ200〜300の定住圏で構成される」という説明からもわかるように（この定住圏という地域的な圏域はいわゆるコミュニティよりもやや大きいものと考えられるが）その発想のなかに新しい地域共同体を構築するという意図がはっきりと読み取れるのである．

　しかし，三全総から30年余りが経過した現在，われわれは高度経済成長期の終わり頃から実現が目指された新しい地域共同体，すなわち，「市民としての自主性と責任を自覚した個人」からなる「開放的」なコミュニティのなかで生活することができているだろうか？　答えは否である．地域共同体は，たとえば，都市農村を問わずこの国のいたるところに**限界集落**がみられるようになるなど，高度経済成長期末期よりもさらに危機的な状況を迎えている．大野晃によって提唱された限界集落とは，山間地域や中山間地域などを中心に進む過疎化・高齢化によって，人口の50％以上が高齢者となり，共同体を維持するのが限界に達している集落を指す．そのような限界集落では，農作業や産業基盤の管理，冠婚葬祭など共同体を維持するための機能が果たせなくなり，やがて集落は消滅へと向かうとされている．また，正確な意味で限界集落とはよべないものの，数十年前に同世代の核家族が一斉に入居した都市部のベッドタウンや大規模公営団地などにおいても同じような現象が生じている．そのような地域では，子世代が同じような時期に独立するので親世代のみの世帯が一気に増え高齢化率が極端に上昇してしまう．また，「隣は何をする人ぞ」という言葉が端的に示すように，大都市，とりわけ住人の入れ替わりが激しいマンションなどでは，近所づきあいが希薄である．地域の人間関係から疎外されている都市住民はそこで孤立してしまい，最悪の場合は誰にも看取られずに死亡する「孤独死」を迎えることになるのである．

2. 都市という空間—アーバニズム，郊外，ジェネリック・シティ—

(1) シカゴ学派とアーバニズム

ここで少し「都市」という空間が社会学においてどのようにとらえられてき
たのか，あるいは今後それをどんな形で視野におさめていくべきなのかを考え
てみたい．都市社会学の嚆矢として**シカゴ学派** (Chicago school) の業績をあげ
ることができる．シカゴ学派とはシカゴ大学に集ったA. W. スモールやW. I. ト
マス (第一世代)，R. E. パーク，E. W. バージェス，W. F. オグバーン，L. ワー
ス (第二世代) といった社会学者たちによって形成された学派である．現在でこ
そ米国を代表する大都市のひとつであるシカゴは，20世紀初頭の産業化にと
もない大陸横断鉄道が延伸し，その結果としてヨーロッパから大量の移民が流
れ込むことによって急成長を遂げた中西部の新興都市であり，急激な移民の流
入によって人種民族間の対立や文化的な軋轢，あるいは地域社会の解体といっ
た混沌とした状況を呈していた．そんなシカゴに拠点を置くシカゴ大学は米国
で初めて社会学部が創設された大学である．シカゴ大学に集った社会学者のな
かでも，パーク (Park, R. E.) を筆頭とする第二世代は，都市を空間的に表現す
ることでそのなかに秩序を見いだそうとする「マッピング」，また都市を「社
会的実験室」とみたて，都市の生活世界に入りこみ，そこで詳細に観察したこ
とをモノグラフとしてまとめる「エスノグラフィー」といった手法を用いて都
市空間を分析しようとした．パークはこの方法を**人間生態学** (human ecology)
とよんでいる．

バージェス (Burgess, E.W.) は都市の拡大過程を，土地利用と居住階層を手
がかりにして，会社や官公庁などの中枢機関が集中している都心の「中央ビジ
ネス地区」から，小さな工場が入りこみ移民労働者などの居住地となってい
る「遷移地帯」，「労働者住宅地帯」，中流階級の高級アパートや独立家屋の専
用区域である「住宅地帯」，郊外である「通勤者地帯」といったように同心円
状に広がる都市構造モデルとして提示した．このバージェスの**同心円地帯理論**
(theory of concentric zone) は，都市の発展を構造的に捉えようとする研究の基
礎となり，都市は都心を中心に鉄道網に沿って扇形に展開してゆくとするホイ

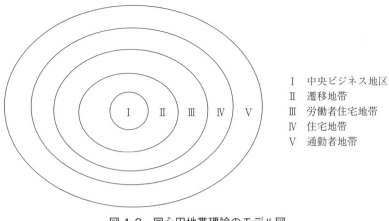

I 中央ビジネス地区
II 遷移地帯
III 労働者住宅地帯
IV 住宅地帯
V 通勤者地帯

図4-2 同心円地帯理論のモデル図

トの「扇形理論」，都市を単一の中心から展開する構造としてではなく土地利用の機能から相互に連携する多核心構造としてとらえるハリス（Harris, C.）とウルマン（Ulman, E.）の「多核心理論」などに批判的に継承されていく．

　また，先にもふれたが，ワース（Wirth, L.）は，人口量が大きく，人口密度が高く，人口の異質性が高いことを原因として都市に生じる特徴的な生活様式を**アーバニズム**（urbanism）とよんだ．アーバニズムとしてワースが指摘するものは大きく①生態学的側面，②社会関係的側面，③社会心理的側面の3つに分類することができる．まず①としては，都市人口が社会階層やエスニシティなどに応じて空間的に分化する現象である「凝離（segregation）」や高い移動性があげられる．②としては，社会関係において親密かつ全人格的な第一次接触が弱体化し，代わって一面的，非人格的な第二次接触が優位となることが指摘されている．また，③としては無関心や主体性の喪失，精神分裂的な性格，個人主義などがあげられている．

(2) 郊外へ

　20世紀初頭のシカゴから，再び視線を戦後日本に戻してみる．1955年から始まる高度経済成長とは，農業から重化学工業へと産業構造を転換させていく

過程であったことは先にふれた。第一次産業を可能な限り合理化し，そうして創出された地方農村の余剰人口は大都市及びその周辺における第二，三次産業を支える賃金労働者，サラリーマンへと転化されることになる。その当然の帰結として，人々は都市へ都市へと向かう。実際のところ，1960年から1970年にかけて日本の都市人口は26％も増加しており，1970年時点での都市面積は全体の25％に過ぎないのに，都市人口は総人口の72％を占めるなど，高度成長期における日本の都市化は異常な速度に達している（小田，1997）。都市の「内側」に収容しきれないそのような人口の受け皿となったのが「都市でも地方でもない，あるいは村でも町でもない」新しいトポス，**郊外**（surburbia）である。

都市圏周辺部の住宅地という意味での郊外はもちろん戦前にもあったのであるが，小田光雄は，「郊外という場所と言葉がその輪郭を整え始め」たのは1970年代であるとし，我孫子市をモデルとし，郊外の特徴として，「東京（大都市中心部）から30〜40キロ圏」「もともとは農業地帯である」「1970年以後，団地建設等によって急速に人口増加」「新しい鉄道の開通と乗り入れ」「人口流入によって旧住民は少数派となり，新住民が過半数を占める」「若年人口率が非常に高く，老人が少ない。小中学生のいる核家族の増加を示す」「流入人口は都心に通うサラリーマンが多く，ベッドタウンである」「流入人口によって産業構造が変わり，第三次産業就業者が6割を占める。したがって第一次産業から第三次産業の社会に変化している。第二次産業は横ばいか減少」「持ち家率が高い割には定住意識にゆらめきがみられる」「商業立地は駅前商店街を中心としているが，飲食店，小売店の増加にもかかわらず，住民の需要を満たしていない」などの点をあげている（小田，前掲書）。

そのような郊外において，最初に社会学的な問題として浮上してきたのは，その土地における土着の人々とその土地に新たに移り住んできた人々の「混在」である。人口の過半数を占める新住民（その大部分は「都心に通うサラリーマン」である）が政治的に無関心である一方で，土着層の政治力が大きく，結局かつての村社会の遺制から脱却するのが難しい場合に，両者の融合，一つのコミュニティ形成もまた遠のくのである。

　また，郊外において問題とされるのは，小田によって，「戦前の生まれで，地方出身者．高度成長期によりそうように生き，サラリーマンとしては会社では比較的恵まれた位置にいる．結婚して都心の木造アパートか社宅にいたが，子どもが生まれたため，新しい住生活と環境を求めて移り住んできた」（小田，前掲書）とそのプロフィールが描き出される新住民の**サバーバニズム**（郊外的生活様式）であろう．ワースは構造的な条件から生じる都市に独特な生活様式のことをアーバニズムとよんだが，郊外にも郊外に特徴的な生活様式があるのだ．団地やニュータウンの計画的な開発によって形成される郊外には収入や資産における階層的均質性がみられ，その住居は規格化されている．また，郊外への移住が結婚や出産を契機とすることから，郊外には同一世代の家族周期を同じくするサラリーマン（と主婦）の家族が集まりやすい．したがって郊外における新住民の均質性はあらゆる面で極めて高いといえる．一つには，この住民の高い均質性に由来する，主として消費生活における過度なまでの標準主義，画一主義がサバーバニズムの問題点として指摘されている．

　たとえば小田は「ロードサイドビジネスのある風景」としてこの問題を描写している．モータリゼーションの発達と歩調を合わせ，1970年代に生まれ，80年代に成長した「郊外の主要幹線道路沿いにある大型駐車場を備えた」物販業，サービス業，飲食店などの施設（ロードサイドビジネス）は，統一された建物，看板，照明，植栽などで全国の風景を均一化したが，郊外における人々の消費生活も均一化，画一化していくのである（小田，前掲書）．

　西澤晃彦はサバーバニズムの特徴を①相互作用における距離化，②外見の「アメリカ」的均質化，③心理様式としての攻撃性の3点に集約する（西澤，2000）．相互作用における距離化とは，たとえば団地内で形成されるネットワークが，目的に合わせて「利用し合う」関係，お互いに深く干渉しないように距離を置く関係になりがちであるなど，郊外における共同がその均質性にもかかわらず，「距離をおく」ことを前提にしつつ限定的に形成されることである．外見の「アメリカ」的均質化とは，文化的出自を隠蔽しながら自らを「中流」として位置づけようとする郊外生活者の振舞いは演技性が強いものとなり，郊

外空間は必然的に舞台装置としての性格を帯びるが，その舞台装置とはロードサイドビジネスが提供するアメリカの生活様式であり，郊外における人々の消費生活は「アメリカ的消費社会のパロディ，パスティーシュ，シミュラークルのようなものとなる（小田）」ということである．心理様式としての攻撃性とは，郊外が均質的であるがゆえに，均質性を脅かすものにはその存在を否認する陰湿な攻撃（たとえばそれは「うわさ」という形をとってあらわれる）が発動されやすいという傾向のことをいう．

　小田は書店のロードサイドビジネス化によって，本が文化的商品というアウラから解き放たれ消費財と化してしまったことを指摘した後で，次のように続ける．

　この郊外型書店の出現によって加速された読者から消費者への転移は，なにを物語っているのか．それは，ロードサイドビジネスの出現が厖大な消費者という群衆を招喚し，モノから生活や文化を剥離し，かぎりなく消費されていく記号のようなものへと転化させていったことを象徴しているように思える．新聞に毎日織り込まれて届けられるチラシは，そうしたものの氾濫である．バーゲン，ディスカウント，チラシに書かれたこれらの文字は，消費者をして必要でもないのに買い物に誘うメロディだ（小田光雄『〈郊外〉の誕生と死』青弓社，1997 年，82-83 頁）．

(3) 都市の劇場化とジェネリック・シティ

　小田や西澤が指摘しているのは，1970 年代から 1980 年代にかけての郊外が消費社会的な色合いを帯びているということだろう．消費社会とは生産することよりもいかに消費させるかということに比重が置かれる社会であり，また，モノやサービスの機能や効用を消費する有用性の消費ではなく，モノやサービスに付着したイメージを消費する**記号消費**によって特徴づけられる社会である．郊外において人々はロードサイドビジネスが提供する商品やサービスに付加された「アメリカ」というイメージを消費する（西澤，前掲書）．いや，それだけ

ではない．ファミレス，コンビニ，ファストフード，スーパーマーケット，本や家電の大型店といったロードサイド・ショップがつくるアメリカ的な風景は，郊外に生きる生活者たちにとっての一つの劇場空間となる．そこは単に買物をする場所なのではなく，アメリカ的なライフスタイルを演じる場所でもあるのだ．

　しかし，そのような記号性を帯びた空間の登場，すなわち劇場空間化は，郊外よりももっと早く，郊外2世たちの主たる消費の場であろう1970年代の渋谷において完成したという．吉見俊哉は渋谷における劇場空間化を次のように説明している．

　さて，〈渋谷的なるもの〉の第三の特徴として挙げられるのは，この街が様々な「現代的」な役柄を見る・見られる場としてある，という点である．渋谷がファッションの街であるというのは，まさにこうした「見る・見られる」（＝演じる）という回路を過剰に保証しているからにほかならない．このことは，公園通り界隈の仕掛け人であるパルコも自ら強調するところで，彼らは繰り返し，「公園通りを中心とするこの街は，ファッション環境である．ファッション環境とは，自分の存在を主張していく環境である．……そしてファッションが一種の演出だとすれば，公園通りは舞台である．もちろん主役は『私』である．そして，こういった意識が街を活気あるものにしている」と言明している．…1920年代以降抬頭してくる銀座や70年代以降抬頭してくる渋谷は，「近代的」な，あるいは「現代的」な都会生活のスタイルで身を固めた若者たちが，底抜けに明るい表情で「私」を演じにくる街である（吉見俊哉『都市のドラマトゥルギー―東京盛り場の社会史―』弘文堂，1987年，295-296頁）．

　「私」を演じる舞台としての記号性を与えられた空間の純粋形態をわれわれは東京ディズニーランドに見出すことができるが，その都市への最初の先鋭的な援用（北田の言葉を借りれば，それは「自分の身体をとりまくすべてのモノとコトとが広告であり，広告と無関係な空間を見いだすことが困難であるような広告＝都市」ということになろうか…）が「渋谷―公園通り」という西武―パルコの試

みなのだ．特定の都市空間に意味を付与することでその場所を劇場空間ないし
は舞台と化しそこに集う人々を演技者（＝消費者）にするマーケティングは80
年代以降，「渋谷―公園通り」に比べれば不完全ながらも，たとえば横浜みな
とみらい，お台場，六本木ヒルズといった地区，商業施設の開発手法として定
番化されてゆく（北田，2002）．

　しかし，その一方で，とりわけ90年代のバブル崩壊以降，銀座にも新宿に
も池袋にも…同じファストフードやコーヒーのチェーン店が立ち並ぶことで同
じような風景が広がり，東京の街から個性が失われてしまったと感じるのは私
だけだろうか．いや，東京だけではない．ニュース映像やインターネットを通
じて覗くことのできる世界中のどの都市ももはやみんな同じ表情をしているの
ではないか．コールハース（Koolhaas, R.）は，ケータイなどのモバイル機器の
急速な普及によって人々の生活の大部分が電脳空間に移行し，そのあとに残さ
れた均質で歴史性を欠いた世界中どこにでもあるような都市，中心性や個性を
欠いた都市のことを**ジェネリック・シティ**（generic city）とよんでいる．

　おそらくジェネリック・シティの誕生（すなわちそれは北田のいう「外部から
隔絶された閉鎖的な記号空間を構築し，そこに内在する人々を『シブヤらしい』『パ
ルコっぽい』役者として主体化してゆく」という基本原理によって成立する「広告
＝都市」の死を意味する）は２つの理由によって説明することができる．理由の
一つとして，リッツァのいうマクドナルド化の浸透があげられる．マクドナル
ド化とは効率性，計算可能性，予測可能性，技術による制御という４つの次元
において合理化が極まることであるが，その必然的な帰結の一つとして，エス
ニックな特徴や都市ごとの差異，季節の差異が消失する「均質化・平準化」の
弊害が指摘されている．

　もう一つの理由として，ケータイの圧倒的な普及が考えられる．北田暁大は
いつでもどこでも空間の外部に接続することを可能にするだけでなく，その外
部接続を役者としての演技よりも優先させてしまうような「ケータイ的コミュ
ニケーション」が広告＝都市の原理を失効させるという．そのあとに残るもの
を北田はマクルーハンをサンプリングしつつ次のように表現する．

　唯一無二の渋谷性を失った都市・渋谷は観光客向けの文化的幽霊としてならともかく，もう実在しない．どの郊外都市にもタワーレコードがあり，Q-front があり，公園通りがある．それは渋谷や池袋とまったく同じようにコスモポリタンだ（北田暁大『広告都市・東京—その誕生と死—』廣済堂出版，2002年，170頁）．

3.　コミュニティの再生，あるいはコミュニティからネットワークへ

(1)　町内会・自治会と NPO

　期待概念としてのコミュニティに話を戻す．コミュニティがわれわれにとって重要なのはそこが共同性を担保する場であるからだ．農村部における過疎化や限界集落の発生といった問題，あるいは都市部における人間関係の希薄化や孤独死といった問題，地域における共同性を揺るがす様々な困難に直面しながらも，われわれはいまだ期待概念としてのコミュニティ構築を完全には実現できずにいる．しかし，コミュニティを構築しようとする挑戦は，たとえば町内会・自治会を「住民の接着剤」とみなしこれを活性化していこうとする動きや，ボランティアや NPO などによる新しい相互扶助の輪づくりのなかにみることができる．

　町内会・自治会について少し詳しくみておきたい．町内会・自治会（他にも町会・部落会・区会などさまざまな呼称があることに注意してほしい）の特徴として，(1) 加入単位は世帯（家），(2) 一定地域居住に伴い加入は半自動的（ただし義務ではない），(3) 機能的には未分化（多機能的）であり，現在は主として，(4) 行政末端の補完機能，(5) 地域住民同士の親睦機能を果たしているが，(6) 保守的政治勢力の温存基盤として否定的にとらえられてきた等の点をあげることができる．町内会・自治会の前身は第2次世界大戦中に大政翼賛会の末端組織として制度的に整備された町内会・隣組であるといわれる．戦後，GHQ によって戦争協力機構とみなされその結成が禁止されるが，占領体制の解除とともに自治組織として全国で復活，現在に至る．町内会・自治会は，現在では (6) にあるような否定的なとらえられ方が必ずしもされているわけではないが，単身世帯

や共働き世帯の増加から町内会・自治会への加入率の低さが問題視されている．そこで町内会・自治会への加入率を高めるため，その存在を認知してもらうためのイベントの開催や積極的な勧誘活動が全国各地で開催されている．町内会・自治会を活性化していくことで地域の絆を結んでいこうという意図がそこにみえるのである．

　その加入率の低さが示しているように，町内会・自治会は1980年代以降衰退していくのであるが，それに代わって，地域における公的で自発的な活動の担い手として，あるいは地域における絆を結ぶものとして期待され始めたのがNPOやボランティアグループなどの市民活動団体である．NPOやボランティアグループ等による活動は，1995年の阪神淡路大震災における活躍で評価され注目を集め，1998年制定の特定非営利活動促進法（NPO法）は，そうした団体の市民活動の途をさらに広げることになった．NPOやボランティアグループなどの市民活動団体が町内会・自治会と大きく異なる点は，その活動のテーマ性にあるといってよい．町内会・自治会は特定のテーマに活動内容を限定せず地域にとって必要な様々な活動を行うのに対し，市民活動団体は福祉，環境，子育てといった特定のテーマへこだわる傾向が強い．そのような志向の違いはあれ，地域における人と人との絆を結び，コミュニティを再生するためには，この2つの団体の連携は避けて通れない課題だろう（浅川・玉野，2010）．

(2) コミュニティ解放論

　コミュニティにおける絆を再生しようとする試みの一方で，共同性のあり方を地理的近接性によって特徴づけられるコミュニティにではなく，人々が地域的な縛りを離れて個人的に築き上げる絆に求めようとする考え方もある．その視点を**コミュニティ解放論**という．「場所性」を前提とするような伝統的コミュニティ概念を自明視できなくなった現代では，従来の地理的近接性や局地性，メンバーの心理的一体感を特徴とするような共同体にではなく，たとえばネットワーク論が典型的にそうであるように，個人を単位とするパーソナル・ネットワークに共同性に関心をもつ社会学者たちの視線が移行していった．交通・

通信手段が飛躍的に発展した現在，人と人との親密な絆が必ずしも地域という空間に制約される必要はないのではないか，その絆は空間的な制約から解放され，分散的なネットワークの形をとって広域的に存在しうるのではないかという考えである．ウェルマン（Wellman, B.）はそのような考えを指して（「コミュニティ喪失論」や「コミュニティ存続論」に対比して）「コミュニティ解放論」とよんでいる．われわれはコミュニティを存続できるか，あるいはコミュニティを喪失するのか，われわれの目の前にあるのはその二者択一ではなく，それとはまったく別の新しい可能性―パーソナル・ネットワーク―なのである．

◆◆もうちょっと詳しくみてみよう！◆◆
◆社会関係資本

　地域コミュニティ問題に対する処方箋として，最近，政策的にも大きな期待が寄せられている社会関係資本（social capital）についてふれておきたい．「コミュニティ解放論」を裏づける大きな論拠となるのが，社会的ネットワークであるが，ネットワーク論の展開の中で，コミュニティとの関連でしばしば言及されるのが社会関係資本という概念である．リン（Lin, N.）は，社会関係資本を「社会的ネットワークに埋め込まれた資源（資本）」と定義し，またそれは同時に「社会関係への投資がそういった資源をより豊かにし，それが結果としてよりよい見返りをあたえることがある，ということについての理論である」と説明する（Lin, 2008）．リンによれば，ブルデュー（Bourdieu, P.）やコールマン（Coleman, J. S.），バート（Burt, R. S.）など新資本理論による研究者たちが，自分自身も含めて，社会関係資本について，それが社会関係と社会構造に埋め込まれた資源からなり，なんらかの目的実現を目指して行為する人々が，成功の可能性を増やしたいときに用いるものであるという理解，つまり社会関係資本を集合財としてとらえる視点を共有しているという（Lin, 2008）．しかし，集合財として社会関係資本をとらえる研究には，2つの重要な異なった立場が存在していることもリンは指摘している．すなわち，ブルデューに代表されるような，社会関係資本を，支配階級を維持，再生産する方法の一つとしてとらえ

る理論的な立場，すなわち「階級（特権）財としての社会関係資本」と，コールマンやパットナム（Putnam, R. D.）の研究によって示されているように，社会関係資本を「ある行為をしようとする人にとって有用な構造特性または構造資源から成り立っている」と定義するような立場，「公的財（public good）としての社会関係資本」である．

　ブルデューは，資本を社会的場における絶え間ない闘争により獲得されたり失ったりするものとしてイメージし，それを経済資本，文化資本，社会関係資本という３つの側面からとらえている．経済資本とは資産であり，文化資本とは，教養（身体化された文化資本），書物や絵画（客体化された文化資本），学歴・資格（制度化された文化資本）などを指す．これに対して社会関係資本とは，「ある集団のメンバーであることと関連する実際のあるいは潜在的な資源」であり，その集団のメンバーであるという信用証明を与えるという意味で「資本」となりうる．具体的にいうとセレブがもつ人脈やコネがこれに相当する．ブルデューによれば，社会関係資本が経済資本や文化資本に対する増幅器の役割を果たし，最後には経済資本に還元されることで支配階級の権力が維持されるという．

　このブルデューの見解に対して，コールマンは社会関係資本を社会構造の一側面をなすものであり，その構造の中にいる個人に特定の行為を促すものとして定義した．また，パットナムは，社会関係資本を，個人間のつながり，つまり社会的ネットワークと，そこから生じる互酬性と信頼性の規範であると述べている．パットナムは，社会関係資本を同一集団内の効用のみを高める「結合型（ボンディング型）」と異なる集団間において効用を高め合う「橋渡し型（ブリッジ型）」とに分類している．前者は，たとえば，家族内やエスニックグループ内部でのつながりで，所属するメンバー間の信頼や結束を大きくする．しかし，「結合型」の社会関係資本は，メンバーの帰属意識を強化するが同時に異質な者，新参者に対する寛容性を減退させ，排他的な社会を生み出す原因ともなる．それに対して，「橋渡し型」は，たとえば，同僚の知人，父親の友人といったように，グループの枠組みを超えた弱いつながりを特徴とするが，グラ

ノベッター (Granovetter, M.) が説明する「弱い紐帯の強み」からも理解できるように，その弱いつながりが異質的な資源へのアクセスの途を開いたりもするのである．

　世界銀行が社会関係資本の有効性に目をつけ指標開発に着手したことを皮切りに，イギリスやニュージーランドで社会関係資本という概念が政策に組み込まれた．また，特にその公的財としての側面に着目するパットナムの社会関係資本は，日本でも政策的に援用されている．2003 年に内閣府は「ソーシャル・キャピタル―豊かな人間関係と市民活動の好循環を求めて」という調査報告をまとめた．この報告では，社会関係資本の定量的把握を行うため，パットナムの定義から社会関係資本の構成要素を「つきあい・交流 (社会的ネットワーク)」「信頼 (社会的信頼)」「社会参加 (互酬性の規範)」の３つとし，その測定指標を表 4-2 のように設定している．

表 4-2　ソーシャル・キャピタルの構成要素と個別指標

構成要素	サブ指標	採用された個別指標
Ⅰ．つきあい・交流	近隣でのつきあい	①隣近所とのつきあいの程度
		②隣近所でつきあっている人の数
	社会的な交流	③友人・知人とのつきあいの頻度
		④親戚とのつきあいの頻度
		⑤スポーツ・趣味・娯楽活動への参加状況
Ⅱ．信頼	一般的な信頼	⑥一般的な人への信頼
	相互信頼・相互扶助	⑦近所の人々への信頼度
		⑧友人・知人への信頼度
		⑨親戚への信頼度
Ⅲ．社会参加	社会活動への参加	⑩地縁的な活動への参加状況
		⑪ボランティア活動行動者率
		⑫人口一人当たり共同募金額

出所）『国民生活白書 (平成 19 年版)』より作成

◆◆さあ，考えてみよう！◆◆

Q1. 阿部和重『シンセミア』に描かれている人間関係を，アーバニズムとサバーバニズムという観点から説明してください．

Q2. 「孤独死」をなくすためにはどのような取り組みが必要になりますか．「コミュニティ再生」と「コミュニティ解放」という2つの視点から考えてください．

第5章　ネーションとエスニシティ
―〈在日〉，沖縄人（ウチナーンチュ）というアイデンティティ―

◆◆キーワード◆◆

ニューカマー（newcomer）　第二次世界大戦時の強制連行などによって日本に来て，民族差別と闘いながら生活の基盤を築いていった在日コリアンなど，いわゆるオールドカマー（ないしはオールドタイマー）に対して，1980年ごろから主として働くことを目的として中国や韓国，フィリピン，タイ，ブラジル（日系人）からやって来た人々を指す．ニューカマーはオールドカマーとはまた別の問題を抱えているといえるだろう．差別と闘いながら長い時間をかけて日本社会の中で着々と地位を築き上げてきたオールドカマーと，日本の習慣や言葉を理解しないままやって来ていきなり自らの権利を主張するニューカマーとの間には多くの感情的な対立がみられるという．

国民国家（nation state）　国民国家とは，18世紀末から19世紀にかけて誕生した近代の制度の一つで，言語や生活様式，法制度などについて一体感をもち，また，個人として主体的に政治に参加する，均質な「国民（nation）」からなる国家のことである．

人類館事件　人類館とは，1903年，大阪で開催された政府主催の勧業博覧会に設営された見世物小屋の一つで，その小屋にアイヌ，台湾の先住民族，琉球人，朝鮮人，中国人，インド人，ハワイ人が集められ見世物にされるという事件が起きた．これに対して朝鮮や中国の留学生たちなどを中心に各方面から抗議の声が上がるが，「琉球新報」主筆の太田朝敷は，「琉球人が生藩やアイヌと同一視されるのは侮辱」と述べ，日本への同化思想をほのめかした．

方言論争　1940 年，沖縄を訪問した柳宗悦ら日本民芸協会の一行は，県の学務課が進める標準語励行が行き過ぎであると批判した．日本の古語が豊富に含まれている沖縄方言は貴重であり，これを見下すことは県民の誇りを傷つけることにつながりかねないというのだ．この批判に対して，県当局は沖縄県民が誤解や不利益を受けるのは標準語の能力が劣っているためであり，標準語励行こそ県民繁栄の唯一の道であると反論した．論争は県内外の知識人から一般の人々までを巻き込み 1 年ほど続いた．

エスニシティ（ethnicity）　エスニシティは，他と異なる独自の言語，宗教，生活習慣（ただし，それらはしばしばエスニック・グループに係る客観的属性ではなく主観的属性であると想定されている）をもち，「われわれ」という同朋意識によって結ばれているエスニック・グループへの帰属状態，あるいは帰属意志を意味する言葉である．エスニシティという区別は，主として国民国家の形成，植民地支配，それらにともなう人口移動などの結果として，異なる集団が接触しあう際の副次的効果として形成されるとされる．

1.　〈在日〉というアイデンティティ

　第 1 章でも取り上げた金城一紀『GO』は，在日三世である高校生・杉原の決して平凡とはいえない日常を，日本人の女子高生・桜井との恋愛を軸に淡々と描き切った物語である．北田暁大が正しく指摘しているように，『GO』という物語を駆動させているのは，一世代前の〈在日〉を主人公にした小説に多くみられるような，日本―北朝鮮―韓国という 3 つの祖国（日本の高校生，朝鮮学校の元学生，韓国籍）をめぐる杉原のアイデンティティ・クライシスではなく，絶えず自身のアイデンティティを暴力的に問うてくるこの世界への杉原の苛立ちである（北田，2005）．

　初めて二人で訪れたホテルで，杉原は桜井に自分が在日コリアンであることを打ち明ける．その時，桜井は「どうしてもダメなの．なんだか恐いのよ…．杉原がわたしの体の中に入ってくることを考えたら，なんだか恐いの……

（P.190）」と言って一度は杉原を拒絶する．しかし，クリスマスイブの日に桜井は杉原を二人の思い出の場所である小学校の校庭に呼び出す．和解を求めようとする桜井に対して，杉原は第１章の引用にあるように問う，「俺は何者だ？」と．そして，叫ぶ，「俺は俺であることからも解放されたい」のだと．

　杉原は，朝鮮人としての使命を全うすべきか，それとも韓国人としてあるべきか，はたまた日本人として生きる途を選ぼうかなどという葛藤を微塵も心の中に抱えてはいない．その意味で『GO』は在日三世以降の生き方，考え方をリアルに描写している物語といえるのだが，ここで問題にしたいのは，杉原に「俺は何者だ？」と自問させる暴力的な世界のことである．

　杉原が民族学校（朝鮮学校）に進学せず，日本の高校を受験したのは，民族学校がまるで「教団」のように押しつけてくる朝鮮人アイデンティティの虚妄に気づいたからである．暴力団幹部組員の息子である加藤との友情に翳がさすのは，自分に「チョン公（朝鮮人に対する蔑称）」という言葉を投げかけた高校の同級生・小林を杉原が完膚なきまでに叩きのめすことで加藤の誕生パーティーを台無しにしてしまうからである．そして，朝鮮学校時代の親友である正一が刺殺されてしまうのは，「チマ・チョゴリ」の制服を着た後輩が日本人に言い寄られるシーンを，筋違いのイジメを受けていると正一が「勘違い」したことに端を発しているのだ．

　自分の意志とは無関係に，〈在日〉としてのアイデンティティを半ば強制的に問うてくるこの世界，そして〈在日〉であることを根拠に過剰に発動される他者のさまざまな暴力が，杉原に「俺が俺であること」を嫌にさせ，「俺が俺であること」からの解放を希求させている．

　在日朝鮮人・在日韓国人は，1910年の日韓併合による日本の植民地統治によって生活の手段を奪われ，日本に渡航した朝鮮半島の人々，戦前〜戦時に産業の要請で日本に渡航した人々，戦時の「強制連行」で日本に連れてこられた人々などをルーツとする．太平洋戦争終了時には200万人以上の朝鮮半島出身者が日本に在住していたという．戦争終了直後から，強制連行された人々を中心に130万人以上の人々が朝鮮半島へと帰郷したが，その後，帰郷者は増えな

かった．その原因には，朝鮮半島南部の政情不安や，帰国の際に持ち帰ることのできる資産が制限されたこと，朝鮮半島における生活基盤のなさ等が指摘されている．1948 年，朝鮮半島に大韓民国と朝鮮民主主義人民共和国というイデオロギーによって分断された 2 つの国家が誕生し，1950 年になって朝鮮戦争が勃発すると，〈在日〉の人たちはいよいよ故郷に帰れなくなってしまう．

　1952 年にサンフランシスコ講和条約が発効し，日本は独立するが，その際に〈在日〉はかつて強制的に与えられた日本国籍を今度は強制的に剝奪され，「外国人」として扱われることになった．外国人登録法によって，外国人登録証の常時携帯や指紋押印が義務づけられ，外国人であるとの理由から参政権もなく，国民年金や国民健康保険には加入できず，その他の社会保障制度においても対象外とされた．その後，社会保障面ではやや待遇が改善され，1999 年には外国人登録法の改正によって指紋押印制度も全面的に廃止されたが，就学や就業の上ではもちろん，日常生活においても〈在日〉に対する差別・偏見が依然として残っている．

　現在，〈在日〉の大部分は三世，あるいはそれ以降の世代であり，『GO』の杉原のように，日本で生まれ育って，日本人の青少年と違いのないライフスタイルを送っている．日本国籍を取得し日本に帰化する者，また，1985 年の国籍法の改正によって出生と同時に日本国籍を与えられる在日コリアン世代が増加するなど，帰化／同化志向が顕著なものになっているといわれている．また帰化／同化志向がみられない場合でも，三世以降の世代は，一世や二世のように祖国／民族志向ではなく，朝鮮半島の韓国人・朝鮮人から必ずしも同胞とは認められず（在外朝鮮・韓国人は倭胞^{キョッポ}とよばれる），韓国人・朝鮮人のアイデンティティを確保することが難しい状況にあるといわれている．たとえば，『GO』の中にも，杉原が墓参りで韓国を訪れた際に，〈在日〉に対して反感を抱いている韓国人のタクシー運転手といざこざを起こすシーンが描かれている．また，「祖母が韓国人」というルーツをもつ作家・鷺沢萠はそのエッセイ『ケナリも花，サクラも花』の中で，韓国で学ぶ在日倭胞^{チェイルキョッポ}たちのアイデンティティの保ちにくさを鮮やかに描写している．

　ミファジャさんはわたしの話を聞いてくれたあと，それは倭胞が韓国に来た
ら韓国人ではない，日本に帰ったら日本人ではない，というのに似ている，と
話してくれた．／チャンミは「あたしらは日本人ちゃうねん．かといって韓国
人ともちゃうねん．だからつまり，倭胞やねん」と言った．／そうしてミファ
ジャさんにしてもチャンミにしても，韓国で生活していく中で（おそらくはそ
の以前から），「じゃあいったい何人なんだ」という自問自答をしたはずで，今
となっては「そんなこと言うてる場合ちゃう」という境地に達しているのでは
ないだろうかと思う．…誰がどう見たって明らかな違いが，日本人とのあい
だにも韓国人とのあいだにもあるのなら，やはりそのどちらでもない，という
立場がほんとうの姿だと思うのだ（鷺沢萠『ケナリも花，サクラも花』新潮文庫，
1997 年，157-158 頁）．

　〈在日〉のアイデンティティの保ちにくさは，単純に祖国／民族志向か帰化
／同化志向かという単純な二者択一を原因としているのではない．朴一によ
れば，在日コリアンの若い世代の生き方は民族志向か同化志向かという選択肢
のなかで浮かび上がるほど単純ではないという（朴，1999）．たとえば，日本で
の参政権を獲得することについて，そのことが結果的に在日コリアンの日本社
会への同化をうながし，ひいては彼らの民族性の喪失につながってゆくという
根強い警戒心が〈在日〉社会にはあると朴はいう．すなわち，「差別を克服し，
民族や国籍をこえた平等な社会の実現を志向する」ことと「在日コリアンとし
ての民族的異質性を維持し，民族的に生きていく」という 2 つの命題が両立す
るのか，「差別と平等のジレンマ」をいかにして乗り越えるのかが，〈在日〉社
会における課題になっている．一般に婚姻傾向と帰化という 2 つの側面からみ
て，若い世代になればなるほど，在日コリアンの〈同化〉傾向が強まっている
ことが指摘されているが，朴の調査によればその逆で，世代が若くなるにつれ
て民族名使用者の比率が高まり，「母国語ができる」と回答する層が拡大して
いるという．生まれたときから日本人と変わらない環境で育てられた三世以降
の彼らにとって，それはコリアンとしての民族的属性を獲得するプロセスとし

て理解ができる. 日本社会への〈同化〉の渦に巻き込まれながらも, 何らかの
エスニック・シンボルにこだわりをもちながら生きている人々が少なくないと
朴はいう.

　コリアンとは, 朝鮮語を流暢にあやつり, 儒教思想を信奉し, えらのはった
四角い顔押して, 祖先を供養する厳格な祭儀を慣習的に実践し, キムチやテン
ジャンなどの家庭料理を常食する人びと…しかしながら, 在日コリアンの多く
は, かかる客観的属性を喪失しつつも, 主観的属性としての民族的帰属意識 (共
通の出自や民族名などの文化的アイデンティティ) を保持しようと格闘している
(朴一『〈在日〉という生き方―差異と平等のジレンマ―』講談社選書メチエ, 1999 年,
99-100 頁).

　80 年代以降の, いわゆるニューカマー (newcomer) の来日によって, 事態
はますます複雑になってきているといえる. ニューカマーとは, 第二次世界大
戦時の強制連行などによって日本に来て, 民族差別と闘いながら生活の基盤
を築いていった在日コリアン, いわゆるオールドカマーに対して, 1980 年ご
ろから主として働くことを目的として中国や韓国, フィリピン, タイ, ブラジ
ル (日系人) からやって来た人々を指す言葉である. 同じ韓国人でありながらも,
差別に耐えながら様々な権利を勝ち取っていったオールドカマーと, そのよう
な歴史に何の配慮もせずに自らの権利を振りかざすニューカマーとの間には多
くの感情的な対立がみられるという.

2. 国民国家とエスニシティ

(1) 国民国家とは何か？

　繰り返しになるが, 『GO』の杉原を通じて主題化されるのは, 朝鮮半島と日
本の間で引き裂かれた杉原のアイデンティティの問題ではない. 在日三世であ
る杉原は, 普段は意識してもいないのに, 他者によって暴力的に意識に浮上さ
せられる〈在日〉というアイデンティティに, そして, 他者をしてそのように

させてしまう世界に苛立っているのである．『GO』の杉原を苛立たせている世界，誤解を恐れずに一言でいえば，それは「国民国家（nation state）」と「エスニシティ（ethnicity）」が交錯する世界ということになるだろう．**国民国家**とは，18 世紀末から 19 世紀にかけて誕生した近代の制度の一つで，個人として主体的に政治に参加する均質な「国民（nation）」からなる国家のことである．

　ロザンヴァロン（Rosanvallon）が引用する「国土の新しい分割は，ローカルで特殊な精神をナショナルで公的な精神にとけこませるという，はかりしれない成果を生み出すものでなければならない．すなわち，この大国の住民すべてを，フランス人にしなければならない．なぜなら，彼らは，こんにちまでは，プロバンス人やノルマンディ人，パリ人やロレーヌ人にすぎなかったからである」という 1789 年のフランス議員の演説は，国民国家の形成が，同一の祖先に由来するという信念を共有し，独自な言語や宗教，習慣をもつ「ローカルで特殊な」民族を「ナショナルで公的な」国民へ編成する過程であったことを示している（福井，1996）．しかし，これでは説明がやや足りないだろう．近代国民国家は民族が統一され「国民」として再編成されることで成立するが，その再編成とは，多くの国家において，多数民族の主導で少数民族を「国民」というカテゴリーに押し込めることを意味していた．

　日本が近代国民国家への道を歩み始めるのは，明治期以降のことである．江戸時代の日本は 300 諸藩に分かれており，それぞれが独自の地域文化をもち，また，貴族，武士，町民，農民などの身分ごとに独自の階層文化がみられた．人々の多くは，自分自身の存在を郡，藩という狭い域内においてのみとらえ，〈日本〉というより大きな枠組みの中で物事を思考できた人はきわめて少なかった．すなわち，当然のことながら，人々の意識の中で〈日本〉という国家が明晰な像を結ぶことはほとんどなく，「私は日本人である」というアイデンティティも決して一般的なものではなかった．

　近代国民国家・日本がまず行ったことは，「皇民化」という形で，さまざまな地域の人々，さまざまな身分の人々を「日本国民」にすることであった．「一君のもとに万民を赤子とする」の言葉通り，社会の主権が天皇の一身に集中す

るとき，仙台藩／薩摩藩といった地域差や，武士／庶民といった身分差が解消され，天皇以外の人間は無差別の「国民（臣民）」として均質化される（山内，1996）．

　近代国民国家・日本は明治から太平洋戦争まで，国家主義的なナショナリズムを強調して支配地域の拡大を図っていく．最初に日本国に領土編入され，国民化（皇民化）の対象地域となったのはアイヌと沖縄であった．それは，やがて台湾，朝鮮半島，中国大陸，東南アジアへと拡大していく．

　沖縄を事例として，多数民族の主導で少数民族を「国民」というカテゴリーに押し込める過程をもう少し詳細にみていきたい．沖縄は，かつて琉球王国という独立国家であった．琉球は小さな島国で資源に乏しかったが，14世紀後半から16世紀にかけて，中国への進貢貿易を契機に，東アジア地域との中継貿易を盛んにし，華々しい「大交易時代」を築き上げた．1609年の島津氏による琉球侵攻以降は薩摩藩の支配下に置かれることになるが，中国との外交関係も保ち，独自の琉球文化を発展させた．しかし，明治政府による1872年の琉球藩設置，1879年の**琉球処分**により，琉球王国は解体され，日本国に属する沖縄県が設置された．

　国民国家が「国民」の意識を形成する原動力の一つは教育である．明治政府は，沖縄県に対して，政治や経済の面においては，従来の土地制度，租税制度，地方制度をそのまま残す「旧慣温存策」をとった．しかし，「言葉や風習を日本本土と同一にすることが，沖縄県政の急務であり，これを改めるには教育以外方法がない（初代県令・鍋島直彬）」という理由から，文化面においては，県民に対する風俗改良と標準語の励行が教育を通じて徹底された．この同化政策は時に沖縄に対する差別をともなっていた．

　1895年，沖縄尋常中学校で沖縄差別に対する生徒のストライキ事件が起こった．その発端は，本土出身の児玉喜八校長が「皆さんは普通語さえ完全に使えないくせに，英語まで学ばなければならないという気の毒な境遇にいる」といって英語の教科を廃止しようとしたことにある．この事件は，この時代，本土から沖縄への差別がこれほどあからさまな形で存在していたという事実を示

すものであるが，それと同じ程度に重要なのが，沖縄の中学生たちが差別に対しては敏感であっても，その差別を生み出す原因になっている，日本が沖縄に強制してくる同化政策に対して批判の目をまったく向けていないという事実である．この時代を生きていた沖縄人には，多かれ少なかれ，日本への同化志向がほのみえる．そのことを証明するのが，人類館事件と広津和郎「さまよへる琉球人」に対する沖縄青年同盟の抗議，そして方言論争である．

　人類館とは，1903 年，大阪で開催された勧業博覧会に設営された見世物小屋のことで，その小屋にアイヌ，台湾の先住民族，琉球人，朝鮮人，中国人，インド人，ハワイ人が集められ見世物にされた．これに対して，朝鮮や中国の留学生から抗議の声が上がるのであるが，琉球新報主筆の太田朝敷は，この事件に対して，「琉球人が生藩（台湾先住民族）やアイヌと同一視され，劣等民族とみなされるのは侮辱」と，中国や朝鮮から来ている留学生とはアクセントの異なる抗議の声を上げた．この「われわれ沖縄の習俗は本土とほぼ一緒なのだから，われわれは立派な日本人である．日本とは似ても似つかない習俗をもったあんな野蛮な人たちと一緒にしないでほしい」という屈折した発想の中に，この時代の沖縄人が少なからずもっていた「日本志向」，〈日本人〉アイデンティティがうかがえるのである．

　「さまよへる琉球人」は 1926（大正 15）年に中央公論に発表された広津和郎の作品である．この小説では，石油焜炉の訪問販売で下宿を突然訪れた見返民世（ミカヘルタミヨ）という琉球人が，作者自身である作家 H の目から描かれている．見返民世は自分が「カッフェエ」の娘にあげるクリスマスの贈り物を H に無心したり，H に売った「石油ストオヴ」を転売したり，H が関わる出版社の新本を何冊も古本屋に売ったりと，何度も H を騙すのであるが，H はなんとなく「さまよへる琉球人」である見返を心から憎むことができない．

　H は琉球人というものに対して，「徳川時代以来，迫害をつづけられたので，多少復讐――とは云わないまでも，内地人に対して，道徳を守る必要がない，と云ったやうな反抗心が生じたとしても，無理でない点がある事はあるな」という感慨を抱く．そして，「長い間内地人から圧迫を受けている琉球人は，内地

表 5-1　沖縄年表

年代 (西暦)	沖縄に関する事項	日本全体に関する事項
1609	島津氏の琉球侵攻で琉球王国の国王・尚寧降伏. 以後島津氏の支配下におかれ, 幕藩体制の中に組み込まれる	
1624	島津氏, 奄美諸島を琉球王国から切り離す	
1631	島津氏, 那覇に琉球在番奉行をおく	
1634	幕府に慶賀使を初めて派遣する (「江戸上り」がはじまる)	
1650	羽地朝秀『中山世鑑』を編集	
1719	玉城朝薫の組踊りが初めて上演される	
1728	蔡温が三司官になる	
1853	ペリーの艦隊, 日本渡航の前に来琉, 首里城を訪問	
1867		大政奉還で王政復古
1871		廃藩置県
1872	琉球藩設置	
1873		徴兵令, 地租改正条例
1879	日本政府「琉球処分」敢行, 沖縄県の設置	
1889		大日本帝国憲法発布
1895	県立中学ストライキ事件	
1898	徴兵令施行 (先島は免除)	
1903	人類館事件	
1910		韓国併合, 大逆事件
1911	伊波普猷『古琉球』著す	
1923		関東大震災
1924	戦後恐慌強まる (ソテツ地獄)	
1926	広津和郎「さまよへる琉球人」に対して沖縄青年同盟から抗議文	
1931		満州事変
1940	方言論争	
1941		太平洋戦争開始
1944	対馬丸遭難, 10・10空襲	
1945	3月, 米軍の沖縄上陸→6月, 日本の沖縄地上部隊壊滅	ポツダム宣言受諾, 日本敗戦
1946	マッカーサー, 日本と南西諸島の行政分離宣言	日本国憲法公布 (施行47年)
1949	本格的な米軍基地建設始まる	
1951		日米安全保障条約調印
1952	琉球政府発足	
1953	土地収用令, 土地の強制収用 (「銃剣とブルドーザー」)	
1955	由美子ちゃん事件 (米兵の幼女殺害事件)	
1956	プライス勧告発表, 島ぐるみ闘争へ	
1959	石川市宮森小学校に米軍機墜落 (死者17人, 負傷者121人	
1960	沖縄県祖国復帰協議会結成	日米新安保条約調印, 安保反対闘争激化
1965	佐藤首相来沖	
1967	大城立裕「カクテル・パーティー」沖縄初の芥川賞	
1969	佐藤・ニクソン会談で沖縄の72年返還決まる	
1970	戦後初の国会議員選挙, コザ反米暴動	
1972	施政権返還, 沖縄県誕生	
1973	若夏国体開催	
1975	国際海洋博覧会開催	
1990	世界のウチナーンチュ大会開催	
1992	首里城復元	
1995	米兵の暴行事件に対する県民総決起大会. 太田知事, 代理署名拒否	
1996	普天間飛行場の返還決定	
1997	日米両政府, 普天間飛行場の移設先を名護市辺野古に決めるも名護市民投票で反対が過半数	
2000	九州・沖縄サミット開催. 2000円札の絵柄に「守礼門」.「琉球王国のグスク及び関連遺産群」の世界文化遺産への登録	
2001	同時多発テロにより観光業が大打撃	米国同時多発テロ
2004	沖縄国際大に米海兵隊ヘリコプター墜落	
2007	沖縄集団自決を歴史教科書から抹消しようとする教科書検定に対して約11万人の反対集会開催	
2010	国連人種差別撤廃委員会が沖縄への基地集中を「人種差別」であるとして日本政府に改善勧告, 普天間基地の移設先を名護市辺野古, 徳之島とする日米合意締結	
2011	最高裁, 慶良間諸島における集団自決, 軍関与の判決	東日本大震災
2012	米軍, 普天間飛行場にオスプレイ強行配備	
2014	県知事に辺野古移設反対を掲げた翁長雄志氏当選	
2016	米軍属の沖縄女性への暴行・殺害を受けて6万5千人が県民大会で抗議, 名護市海岸へオスプレイ墜落, 辺野古訴訟県が敗訴	
2017	衆院選で, 辺野古の新基地に反対する「オール沖縄」が3勝1敗	
2018	翁長知事死去,「オール沖縄」が推す玉城デニー氏が新知事へ	

人に対して，信義を重んじようなどといふ心を，持っていない．無論人による
が，さう云ったような傾向が，大体ある」と結論する．

　「さまよへる琉球人」の主題は〈琉球人〉像を提示することではなく，むし
ろ騙される「自分」の怠惰，病的気質，「ルウズ」な生活を認識しようとする
ことにあり，典型的な私小説であるといえる．しかし，上のような琉球人に対
する描写によって，広津は沖縄青年同盟から抗議書を受け取ることになる．沖
縄青年同盟が懸念したのは，作中のＨが抱くような〈琉球人〉観は，一見す
ると琉球に対して同情的であるようにもみえるが，実際は「琉球人は道徳観念
が違ふ人間だ，不信義漢だ，破廉恥も平気でやる」ということを一般化するこ
とにつながる．現地の沖縄青年同盟は，ただでさえ，「劣等民族，未開人種と
して，一種差別視され，虐待，酷使」を経てきた県民の状況がさらに深刻化す
ることを憂えたのである．この抗議書を真摯に受け止めた広津は，配慮の足り
なかったことを謝罪した上で，「さまよへる琉球人」を自らの作品番号から削
ることを宣言したのである（岡本，1981）．

　また，方言論争の場合には，さらに露骨な日本への「のめり込み」がうかが
える．1940 年，沖縄を訪問した柳宗悦ら日本民芸協会の一行は，県の学務課
が進める標準語励行が行き過ぎであると批判した．この批判に対して，県当局
は沖縄県民が誤解や不利益を受けるのは標準語の能力が劣っているためであり，
標準語励行こそ県民繁栄の唯一の道であると反論した．川満信一によれば，こ
の事件は「政治の側からの功利主義と，美を愛する文化主義の意見衝突」にす
ぎず，言語的植民地主義そのものを批判するものでなかったが，この論争のな
かにも国民化と国語化の痕跡が確かにうかがえるのである（仲里，2012）．すな
わち，以上の３つの事件には，「ローカル」な文化をもつがゆえに被る差別や
不利益を契機として，自らより「ナショナル」な存在，すなわち日本国民にな
ろうとする沖縄の人々の同化志向が露呈しているといえるのである．

　ベネディクト・アンダーソン（Anderson, B.）の言葉を借りるならば，国民
とはイメージとして心に描かれた**想像の政治共同体**であるにすぎない．アン
ダーソンは以下のように述べている．

　国民は一つの共同体として想像される．なぜなら，国民のなかにたとえ現実には不平等と搾取があるにせよ，国民は，常に，水平的な深い同志愛として心に思い描かれるからである．そして結局のところ，この同胞愛の故に，過去二世紀にわたり，数千，数百万の人々が，かくも限られた想像力の産物のために，殺し合い，あるいはむしろみずからすすんで死んでいったのである（ベネディクト・アンダーソン『想像の共同体—ナショナリズムの起源と流行』（白石隆・白石さや訳），書籍工房早山，2007 年，26 頁）．

　その後，沖縄は太平洋戦争において日本国内で行われた唯一の地上戦であり，時間稼ぎのための「捨石作戦」であった沖縄戦へと巻き込まれていくが，県民の戦没者数は 12 万人強，これに終戦前後のマラリアや餓死などで亡くなった人の数を含めれば，沖縄の人口のおよそ 4 分の 1 が沖縄戦によって犠牲になった．彼らはすべて「日本人」として死んでいったのである．

(2) エスニシティ

　沖縄人がみずからを表現するとき「ウチナーンチュ」といい，沖縄人以外の日本人を呼ぶのに「ヤマトゥンチュ」または「ヤマトゥー」と規定する．／相手の「ヤマトゥンチュ」が，九州の男であるのか，東北の女であるのか，あるいは北海道からやってきた人であるのか，そういうことはここでは一切問題にならない．…つまり，その出身地や社会的身分，職業や性別などにかかわりなく，日本（本土）の人間はおしなべて「ヤマトゥンチュ」であり，その人々が住む国土は「ヤマトゥ」である．そして沖縄に住む私たちは，あくまでも「ウチナーンチュ」である．…たとえば高知県の男に，「君は日本人か」と問うとき，おそらく彼は何のためらいもなく「そうだ．おれは日本人だ」と答えるだろう．…だが，もし同じ問いを沖縄人に向けて発するとき，程度の強弱はあれ，あるいは表情にあらわれるか，あらわれないかは別にして，内心一種の戸惑いを感じない人は稀である．そのときの一瞬間，彼または彼女の胸中を素早く駆け抜けるのは，「私は沖縄人だ」という声にならぬつぶやきである．…日本人

である前に，頑固に沖縄人であることを自覚するこの意識構造は，日本（本土）ではどの地方においてもおそらく見ることができない現象だと考えられる（新川明『反国家の兇区―沖縄・自立への視点』社会評論社，1971 年，7-8 頁）．

　戦後，GHQ は日本と南西諸島の行政分離を宣言し，沖縄はアメリカの統治下に置かれることになる．終戦から 1972 年の施政権返還（いわゆる「本土復帰」）までの 27 年間，沖縄が日本ではない状態が続くが，この間に，米軍基地建設のための土地の強制収用や米兵による女性への暴行事件，米軍機の墜落など，沖縄は米軍の支配下にあることに起因するさまざまな暴力にさらされ，受難の道を歩み続けることになる．そのような中，人々の反米思想が徐々に高まっていく一方で，沖縄住民の祖国復帰運動も次第に熱を帯びてくる．

　先に示した引用は，祖国復帰運動の末にようやく〈勝ち取った〉沖縄返還を目前にした 1971 年に，沖縄タイムスを主な舞台として活躍したジャーナリストで詩人でもある新川明によって書かれたエッセイの一部である．ここで彼が主張するのは，「ウチナーンチュ」と「ヤマトゥンチュ」の間の隠しても隠しきれない「差異」，あるいは「ウチナーンチュ」が日本人であることに対する違和感である．新川は 1960 年代の後半から 70 年代にかけて，沖縄が国家としての日本に無条件で復帰すべきではないことを唱えた反復帰論の代表的な論者である．一連の反復帰論において，祖国復帰運動を支える「復帰思想」とは，沖縄人自身が〈日本人〉へとのめり込んでいく思想，すなわち日本への同化思想であり，そのような日本志向を断ち切ることで沖縄の異質性が認識でき，そこで初めて国家権力と対峙できるのだと新川は主張している．

　新川のこの発想の中核にあるのが，まさに「エスニシティ」であろう．エスニシティは，他と集団と異なる独自の言語，宗教，生活習慣（ただし，それらはしばしばエスニック・グループに係る客観的属性ではなく主観的属性であると想定されている）をもち，「われわれ」という同朋意識によって結ばれているエスニック・グループへの帰属状態や帰属意志を指す．エスニシティは，主として国民国家の形成，植民地支配，それらにともなう移民などの人口移動の結果と

して，異なる集団が接触しあう際の副次的効果として形成されるという．たとえばユーゴスラビアの国家分裂や中東やアフリカなどで絶え間なく繰り返されている民族紛争の例をみてもわかるように，近年，エスニシティは活性化してきているといえる．

　反復帰論以降も，沖縄独立論は消えることがない．その背後にあるのは，沖縄と日本の文化の違いではなく，沖縄と日本が平等ではないという認識である．沖縄本島の全面積のうち，米軍基地の割合は20％弱であり，在日米軍基地の75％が沖縄に集中している．「戦場の音」と表現される基地爆音にさらされる日常，米軍機墜落の可能性によって脅かされる生命，繰り返される米兵による沖縄女性への暴行事件，そこに基地があることによってさまざまな問題が生じているのである．さらに，基地があることへの代償として沖縄振興のための巨額の補助金が日本国から投入され，沖縄は自立さえできず，ますます国家への依存体質を強めていく．そのことが一部の人々にとっては歯がみするほど悔しいのである．そのような不平等感が「ウチナーンチュ」というエスニシティの輪郭をより明確なものにしている．ライターの知念ウシはそのような沖縄の状況を〈植民地〉と表現する．沖縄は今，本土からの移住ブームであり，本土で息苦しい文明生活を送っている人が癒しや救いや安楽を求めてやってくる理想郷が沖縄である，そのような場，そのような機能こそまさに本国が依存する〈植民地〉ではないかと（朝日新聞8/24/2010）．

　話を『GO』の杉原に戻してみよう．杉原が〈在日〉という立場にある原因をたどれば，近代国民国家・日本が支配地域の拡大を図ったことに行き着く（オヤジは《日本人》だった．理由は簡単．むかし，朝鮮（韓国）は日本の植民地だったから．日本国籍と日本名と日本語を押しつけられたオヤジは，大きくなったら《天皇陛下》のために戦う兵士になるはずだった．両親が日本の軍需工場に徴用されたので，オヤジは子どもの頃に両親と一緒に日本に渡ってきた．戦争が終わり，日本が敗けると，オヤジは《日本人》ではなくなった）．そして，自分の意思とは無関係に，世界が杉原に対して〈在日〉としてのアイデンティティを問うのは，〈在日〉という杉原が帰属すべきエスニシティが彼の思考や行動の中にあらわれる

のを，周囲の人々が暗に期待しているからである．

　たとえば，暴力団幹部組員の息子である加藤は，杉原にいう．「俺とかおまえみたいな奴は，初めからハンデを背負って生きてるようなもんだ．俺たちは双子みたいにそっくりなんだ．俺たちみたいな連中がこの社会でのしてこうと思ったら，正攻法じゃダメなんだよ．分かるだろ？　社会の隅のほうでしのいでいって，でかくなって，そんで，しけたまとも面で俺たちのことを差別してきた奴らを見返してやろうぜ (p.142)」と．

　加藤は，明らかに〈在日〉という立場にある者の生活や意識に対して，画一的なイメージを抱いている．それに対して杉原は，「俺とおまえは似てないよ．俺とおまえは違うんだよ」と，そのステレオタイプを冷静に拒絶する．在日三世である杉原は，そのような，国民国家とエスニシティが交錯する現在を生きているのである．

3.　沖縄的なアイデンティティの追求―大城立裕の作品

　大城立裕は，1967 年「カクテル・パーティー」によって，それまで「文学不毛の地」という認識が一般的だった沖縄に初の芥川賞をもたらした戦後沖縄を代表する作家である．大城が戦後沖縄を「代表する」作家であるというのには理由がある．それは 50 年にわたる創作活動の中で，彼が一貫して〈沖縄〉とは，そして沖縄人とは何であるのかを問い続けてきたからである．大城のいくつかの作品を読みながら，沖縄的なアイデンティティのあり方について確認してみたい．（※以降は，拙稿「青春の挫折，〈沖縄〉，そして複眼」，沖縄文学研究会『現代沖縄文学の制度的重層性と本土関係の中での沖縄性に関する研究』，2006 年を加筆修正して転載したものである）

(1)「二世」

　「二世兵の肉親との再会のニュースがヒント」になったという「二世」(1957 年) は，父母が沖縄出身でハワイに在住するヘンリー・当間盛一が主人公である．ヘンリーは米陸軍歩兵伍長という立場にありながらも，掃討戦において壕

の中に手榴弾が投げ込まれるのを阻止したことから，戦闘終息の後で隊長から
訓戒を受ける（「きみにいま最も大切なことは，自分の地位に対する客観的な自覚だ，
ヘンリー・当間．…きみはまさしくアメリカ市民出身の，日本語を話す兵隊なのだ．
わかるか…」）．

　訓戒が終わって隊長室を出たとき，配給に群がる沖縄の女たちを目撃したヘ
ンリーは「まるで豚か鶏だ」と生理的な嫌悪を感じてしまう．しかし，ヘンリー
は占領地である沖縄を故郷に持つ占領者としての倫理観からただちに思い直す
のである．「…だが，ここはおれの父母の故郷だ．彼らはおれの同胞で，おれ
は彼らを愛しているのだ」と．この「二世」の冒頭部分，ヘンリーの〈沖縄〉
に対するアンビバレントな感情に大城がこの小説で描こうと試みたテーマが暗
示されている．それは，「沖縄出身者」なのか「アメリカ市民」なのかを自ら
に問う，ヘンリー・当間の揺れ動くアイデンティティの問題である．

　ヘンリーは，沖縄で生まれ自分は少しも馴染むことのなかった祖母の膝下で
育ち，戦争によって生き別れになっている弟の盛次を探そうとしている．その
ことを通じて収容所でCIC（米軍防諜部隊）の取調べ補助員をしている新崎憲
治との間に交流が生まれるが，新崎ら沖縄人が自分のことを「普通のアメリカ
人の兵隊」と同一視していることに不満を抱いている．新崎との会話から自分
がアメリカ兵扱いされていることを再確認したちょうどその時に，同じ二世兵
のジョン・山城がジープから子どもたちにガムやチョコレートをふりまいてい
るのを目撃したヘンリーは，ジョンに対して「子どもたちを乞食扱いするのか
…お前も沖縄人だろう．ここで生まれたと考えてみろ．恥ずかしくないのか」
と叫ぶ．

　ヘンリーとジョンは一触即発の状態に陥るが，それを目にした白人兵が突然
奇声を発する．「Two japs fight.（二人のジャップが喧嘩するぞ）」と．ヘンリー
はアメリカ市民であるとともに沖縄人であろうとするが，結局のところその
「双方からはじき出され」てしまうのである．

**　彼はとっさに，どうしてこんなこと（ジョンとの一触即発状態）になったかを**

考えていた．すると，まず頭のなかにはっきりしてきたのは，新崎のあの難しいながい言葉の意味であった．あれはまさしく，"きみたちとおれたちとは，もともとちがうのだ"という宣言ではなかったか．…白人兵の奇声は，彼とジョンとをいっしょに，"ジャップ"としてつきはなしていた．こんなに刹那的に双方からはじきだされたことは，かつてなかった（大城立裕『大城立裕全集(9)』勉誠出版，2002年，8頁）．

　物語の最後の場面，二人の米兵がまさに女性に暴行しようとしている現場に遭遇したヘンリーは，彼女を逃がすべく「ヘンリーとは比較にならぬほど大きな体格」の米兵に挑みかかる．殴られ地面に倒れたヘンリーに米兵の一人が憎々しげに吐き捨てる．「God dem Jap!（畜生ッ．ジャップめ）」．それに対してヘンリーはしぼるような声で言う「Yah, I'm a Japanese!（そうだ，おれは日本人だ）」．米軍統治下で書かれたこの作品におけるヘンリー・当間の，沖縄かアメリカかという葛藤は，そのまま沖縄返還後の沖縄か日本かという沖縄人の葛藤を予見するものであるといえる．

(2)「棒兵隊」

　「棒兵隊」は，大城が初めて沖縄戦を描いた小説であり，また，『新潮』の「全国同人雑誌小説特集」に採用され，1958年に同誌に掲載された，大城の中央文壇デビュー作でもある．

　「わしらア，ボーヘイタイでありますが，わしの子供ア，兵隊さんでありますウ．わしらア，スパイは，しませんですウ……」…"棒兵隊"とは，だれがいいはじめたものか．――昨年十月に，予備，後備役からはじめて国民兵役にいたる，島全域を蔽うての防衛召集のために，兵器の用意はなかった．竹槍の尖に握り飯をくくりつけて，防衛隊員は壕掘と飛行場整地に通った．無学なとしよりは，"棒兵隊"というよび名をうたがわなかった（大城立裕『大城立裕全集(9)』勉誠出版，2002年，35-36頁）．

G村で駆りだされた民間人によって郷土防衛隊が編成されてからわずか10日，国民学校の教頭であった隊長の富村，60歳の老人である赤嶺，徴兵検査で不合格になった久場，最年少16歳の仲田などがいる一隊は，近くにいた高射砲隊に配属されるが，炊事，芋掘り，水汲みなどの勤務に追い使われた後でS城址の壕にいる部隊に合流せよとの命令を受ける．

壕を出るやいなや直ちに機銃掃射で10名を失った防衛隊は，4昼夜S城址を探して彷徨ったあげく，ようやく探し当てた「友軍」部隊からはスパイの容疑をかけられるはめになる．一行はいくつかの壕を締め出された後でようやくY岳の自然壕にいた部隊に収容される．その部隊では「難を救ってもらった感謝の気持ち」から危険な水汲みの役割を積極的にこなし，兵隊たちからも感謝される．しかし，「手負い猪」のような敗残兵の一隊がこの自然壕になだれこんできたことから状況は一変する．

「手負い猪」たちは，防衛隊に対して危険な水汲みの回数を増やすように要求するとともに，一行をスパイ視し始める．両者の間で緊張感が高まっていくが，少尉のはからいで防衛隊一行は別の陣地に弾薬を運ぶ任務を引き受け，三人組に別れて壕を出ることになる．久場，赤嶺，仲田のグループは目的の陣地を探しあぐね，「軍司令部南下！」という敗残兵の声を聞く．逃走するも仲田は艦砲弾にやられ，赤嶺は敗残兵の一人から「きさまは，スパイだろう！」と射殺されてしまう．

この作品は日本兵の沖縄住民に対する暴力，「スパイ問題および壕追い出しにかかわること」を扱い，日本を加害者としてはっきり位置づけたという点で，その後に浮上してくる「問題」をいち早く提起したことが評価されている．

(3)「カクテル・パーティー」

「カクテル・パーティー」は，「私」を語り手とする前章と，「お前」という二人称（「私」と同一人物）によって語られる後章からなる．前章はミスター・ミラーのパーティーに招待された「私」がゲートから「基地住宅」，すなわち米軍人の住宅地の中に入る場面から始まる．「私」は，ミスター・ミラー，「中

共」が支配する大陸からの亡命者である弁護士の孫，そして本土の新聞記者である小川の4人で中国語研究のグループをつくっている．その縁で孫や小川とともに，ミラーが主催するカクテル・パーティーへ招待されたのだった．「私」はミラーとの交際を通じて参加が可能になったそのようなパーティーや軍のクラブでの食事に対して「選ばれた楽しみ」を感じている．

　パーティーの席上，現在及び過去において「占領―被占領」という関係にある（あるいはあった）アメリカ（ミラーとその隣人のミスター・モーガン），本土（小川），中国（孫），そして沖縄（「私」）という4つの立場から，沖縄の帰属問題やその言語，琉球文化等についてのきわどい話題が持ち出されるものの，お互いがそれを巧みにかわすことで表面上は和やかな「虚構としての空間（岡本恵徳）」が保たれている．

　「郭沫若の『波』という小説の中に，中日戦争のさなかに敵の―つまり日本の飛行機の爆音をきいた母親が，泣きわめくわが子の首を扼殺するところがありますね」／新聞人が言った．孫氏が無表情でゆっくりうなずいた．そうですねとも，そうですかとも，どちらともとれ，あるいはなにかに堪えて仕方なしに調子をあわせている様子とも受けとれた．「沖縄にもありましたよ」私は小川氏にむかった．「沖縄戦では，そういう事例はざらにあったということを，私はきいています．しかも…」私は，またよどんだ．ときには日本兵がやったのだ，といおうとしたのだ．が，「ま，よしましょう．酒をのみながら，どうも戦争の話は」（大城立裕『大城立裕全集（9）』勉誠出版，2002年，94頁）．

　しかし，パーティーの和やかな雰囲気はミスター・モーガンの3歳になる息子が行方不明になるという一報が届くに及んで一転して緊迫したものになる．パーティーは一時中断され，「私」は孫と組んでモーガンの息子を捜すが，孫はこの行方不明が，「私」には想像も及ばなかった，沖縄人による「誘拐」であるかもしれない可能性をほのめかし，事件にどこか他人事で臨んでいた私を愕然とさせる．そんな「私」に，孫は戦時中，日本軍の占領下にある「重慶の

ひとつ手前の」W 町で，長男が行方不明になり捜しまわった時の記憶を語って聞かせるが，その直後，モーガンの息子の行方が判明する．一日暇をもらって里帰りをしたメイド（沖縄人）が，モーガンに断りをいれずに息子を連れて行ってしまったというのだ．

「とんだ誘拐だ」／私もつい大声を出して笑った．無論会ったこともないメイドだ．たぶん年端もいくまい．主人にだまって主家の幼児を連れて里帰りをしたという無分別にたいする怒りは，生じると同時に蒸発してしまって，そのメイドの底抜けの善人ぶりを，声をはりあげて謳歌したくなった（大城立裕『大城立裕全集 (9)』勉誠出版，2002 年，101 頁）．

　沖縄人の手による誘拐という最悪の事態を回避し安心しきった「私」は，にこやかに近づいてきたミセス・ミラーの「豊麗な肉体」に意識を向ける余裕をみせ，ここで前章が閉じられる．

　後章では，前章で「選ばれた楽しみ」を享受するために「私」が保持しようと努めた「虚構としての空間」，米軍支配下での米琉親善，国際親善の虚妄性が次から次へと暴かれてゆく．ミスター・ミラーのパーティーから「微醺をおびて帰宅した」「お前」は，「お前」の裏座敷を借りて愛人を住まわせているロバート・ハリスによって娘が犯されたことを妻から知らされる．「お前」は娘の強い反対を押し切りロバートを告訴する決意をするが，その翌日，「お前」の娘は，犯された後でロバートを崖から突き落として大怪我をさせた傷害容疑で米軍 CID（陸軍犯罪捜査司令部）に連行されてしまう．告訴の手続きをとるために警察署を訪ねた「お前」は，係官に告訴の不利を指摘される．係官は以下のような理由から「お前」に対して告訴を断念することを勧める．第一に，娘が犯された事件と娘がロバートに傷害を与えたという事件は別個の事件として取り扱われ，ロバートの裁判は軍で，娘の裁判は琉球政府の裁判所で行われること．第二に，ロバートの裁判は英語で行われる上に，強姦事件そのものが立証の困難な事件であるということ．そして第三に，娘の裁判が行われる琉球

政府の裁判所は，軍要員であるロバートに対して証人喚問の権限がなく，ロバートを証人として喚問しない限りは娘の正当防衛の立証は不可能であること．「お前」の前に立ちはだかるのは，冷徹な法の論理であり，その背後にあってその論理を支える占領—被占領（あるいは支配—被支配）という関係である．「お前」はロバートを自発的に証人として出廷させるべく，「おなじアメリカ人」のミスター・ミラーに協力を要請するが，この事件をアメリカ人と沖縄人との間に起こったものと解釈すれば米琉親善が保てなくなるという論理から，ミラーはその要請を拒絶する．

　「カクテル・パーティー」という作品は，米軍の占領下に置かれた沖縄の人間の苦悩，支配者であるアメリカと被支配者である沖縄の確執を描いた作品であり，また同時に支配者と被支配者の国際親善の欺瞞を鋭く告発した作品であると広く理解されている．ここまでの展開だけをみれば，確かにこの作品はそのように読める．しかし，ここから先の展開は，そのような一般的な読解を遥かに超えた作者の意図を暗示しているのである．

　「お前」は小川とともに「友情にたよって」弁護士である孫の住宅を訪れ，ロバートが自発的に証人として出頭する説得をしてほしいと依頼する．孫はロバートの説得を了承し，3 人でロバートが入院する病院へと出向くが，ロバートから「私は，沖縄の住民の法廷に証人として立つ義務はない」との手痛い拒否を受ける．「お前」はそんなロバートに，「お前の家族とも片言の日本語でつきあった，あの男なのか」「カリフォルニアの故郷の農場と家族の話もして，お前たちに彼の家族ともつきあいがあるかのような錯覚さえおこさしめた，その男なのか」という怒りと絶望を感じる．その帰途，「お前」に対しておざなりの同情しか示さない孫にやきもきした小川が，「中国は，戦争中に日本の兵隊どもから被害をうけた．いま沖縄の状態をみれば，その感情も理解できるのではありませんか」と言うに及んで，孫は一瞬その表情に「怒りのような翳」を浮かべながら，日本軍占領下の W 町で長男が行方不明になった折に妻が日本兵によって犯されていたという真実を告白し，そして問う「1945 年 3 月 20日に，あなたがたはどこで何をしていましたか」と．ここに至って，「お前」

は自分の中にある加害者性を認め，自分自身がミスター・ミラーや孫と同様な
「仮面」をつけていたことに気づくのである．娘からの強い反対もあり「お前」
は告訴を断念する．しかし，それから10日ほどたってミスター・ミラーのパー
ティーに招かれた「お前」は，そこでミスター・モーガンが無断でジュニアを
連れて里帰りしたメイドを告訴したことを知らされ，そのことが「お前」に再
度ロバートを告訴することを決意させる．「怨恨を忘れて親善に努める」とい
う孫，「この時に憎んでもいつかは親善を結ぶという希望をもつ」と主張する
ミラーに対して，「お前」は「やはり仮面の論理だ」と突き放し，そして「私
はその論理の欺瞞を告発しなければならない」ことを宣言する．「あなたの傷
はわたしの傷にくらべてかならずしも重いものだとは考えていない．しかし，
私は苦しみながらもそれに耐え，仮面をかぶって生きてきた．そうしなければ
生きられない」という孫に対して，「お前」はこう答える．

　　孫先生．私を目覚めさせたのは，あなたなのです．お国への償いをすること
　と私への娘の償いを要求することとは，ひとつだ．このクラブへ来てからそれ
　に気づいたとは情けないことですが，このさいおたがいに絶対的に不寛容にな
　ることが，最も必要ではないでしょうか．私が告発しようとしているのは，ほ
　んとうはたった一人のアメリカ人の罪ではなく，カクテル・パーティーそのも
　のなのです（「大城立裕『大城立裕全集(9)』勉誠出版，2002年，124頁）．

　この引用部分，一度は己が「仮面の論理」の中で生きていることを認めなが
らも，また，当事者である娘から強い反対を受けながらも，「お前」がロバー
トの告訴に踏み切った理由に，大城がこの作品を書いた真の意図が秘められて
いるという．
　「カクテル・パーティー」を執筆する前後において，沖縄の知識人として琉
米親善とどのように向き合うべきかが大城の懸案事項だったという．アメリカ
人と沖縄人との日常生活の交流には愛すべき点がありこれをまったく否定す
ることはできないが，一度体制と矛盾するケースが発生した場合に脆くも崩れ

去ってしまう「仮面の論理」がそこには見え隠れしている．しかし，そのような国際親善の欺瞞性を暴くだけなのであれば誰にでもできることであり，大城はそれに飽き足らなかったという．そこで生まれたのが，「加害者としての自分をも相手をも同時に責めるべきだ」という，あるいは「加害者として対象化されるべき主体」（「私のなかの神島」）という，作者自身が主張するこの作品のメインテーマである．

　そのような単純素朴な反米思想なら，小説でなくともよい，という躊躇いがあった．ここで私の中国体験が生きた．かつての中国での罪を，沖縄人も日本人として負わなければならない，と思いいたると，それならば双方の罪を帳消しにすればよいかと，思いはめぐった．しかし，それも「喧嘩両成敗」という古い言葉があるように発見がない．そこで，「双方とも恕さない」という新しい発想に発展し，これで小説になるという自信が生まれたのである．／「自分の罪をも恕さないことで，相手の罪を恕さないだけの，堂々たる戦いができる」という論理である．被害者と加害者とが，ここでは同時に止揚されて一つになり，普遍的な罪と罰の論理が生まれる（大城立裕『光源を求めて』沖縄タイムス社，1997 年，186 頁）．

　再度確認しておくが，「カクテル・パーティー」は米軍の占領下に置かれた沖縄の人間の苦悩，支配者と被支配者の国際親善の欺瞞を鋭く告発した作品であると広く理解されており，とりわけ芥川賞受賞直後の本土では，この作品はもっぱらそのように読解されたし，また作品が発表された当初から作者によってそのような意図が表明されてもいる（私は，アメリカとあいだの似非親善をあばくつもりで『カクテル・パーティー』を書き…（大城，1972））．しかし，大城は一貫して，この作品が国際親善の欺瞞性をあばくことを出発点としながらもその意図を乗り越えているとも主張していて，上述した「加害者として対象化されるべき主体」を「カクテル・パーティー」のメインテーマに据えているのである．

　ところが，岡本恵徳は，「カクテル・パーティー」を構造的に分析し，その支配者と被支配者の国際親善の欺瞞を鋭く告発した作品という一般的な読解のされ方と，作者自身がいう「加害者として対象化されるべき主体」というこの作品のテーマの捉え方の双方に異議を申し立てている（岡本，1986=2000）。

　第一に，「カクテル・パーティー」が支配者と被支配者の国際親善の欺瞞を鋭く告発した作品であるという解釈が妥当でない理由として，岡本は主人公（「私」「お前」）の「選ばれた」人間であることを享受しようとする姿勢をあげている。つまり，主人公は「選ばれた」沖縄人であって必ずしも占領下の矛盾に集中的にさらされているわけではなく，前章において，「私」はカクテル・パーティーに象徴されるような国際親善の虚構性に既に気づいており，むしろ現実から隔たったその虚構の世界を享受しようと努めているのである。そのような位置に主人公をおいたこの作品の主眼が「支配者と被支配者の国際親善の欺瞞」に対する告発にあるという見解にはおそらく無理があるだろう。

　第二に，大城が主張する「加害者として対象化されるべき主体」というテーマがこの作品のメインテーマ足りえない証拠として，岡本は主人公がロバート告発に踏み切るタイミングを指摘している。後章で主人公「お前」が国際親善の欺瞞，「仮面の論理」を告発する最終的なきっかけとなるのは（つまりロバートの告訴に踏み切るのは），モーガンによって息子を無断で連れ出したメイドが告訴されたことである。この作品が「自分の罪をも恕さないことで，相手の罪を恕さないだけの，堂々たる戦いができる」という「加害者として対象化されるべき主体」を主題とするのであれば，孫の告白によって自身の中の加害者性を自覚した時点で「お前」を告訴に踏み切らせなければならないはずである。しかし，「お前」は自身の加害者性を認めたその日に，娘の反対で告訴を一度は断念している。その10日後に，「お前」とは一面識すらないメイドがモーガンによって告訴されたことを聞いて，「お前」はロバートの告訴を最終的に決断するのである。

　「お前」はメイドがモーガンの息子を無断で連れ出したことを知った時，無分別に対して怒りを感じるよりも，その「底抜けの善人ぶり」を謳歌したく

なった．メイドのそのような行為が体現しているのは，「底抜けの善意と人のよさ，あふれるばかりの愛情と隔てのなさという沖縄的な価値（鹿野政直）」，あるいはその「共同体的な感性（岡本恵徳）」であって，「お前」はそれに共感している．主人公「お前」は，国際親善という場面においてはその虚構空間の中で仮面をつけて生きることが可能であると考えているが，現実の人間関係においては，その感情のまま，本音のまま「仮面なし」の人間関係を保たねばならないという信念をもっている．そして，その信念は「お前」にそれとして意識されることのない沖縄的な感性，価値観であるといえる．メイドの告訴を知った時に「お前」が激昂したのは，「沖縄そのものが陵辱された」と感じたからである．岡本はその点を指摘し，「カクテル・パーティー」が「米軍支配という冷厳な現実によって，沖縄の共同体的な感性が崩壊し，近代的な論理の貫徹の際に生ずる，さまざまなきしみを表現した作品」という新たな読解の可能性を示唆している（岡本，前掲書）．

◆◆もうちょっと詳しくみてみよう！◆◆
◆大城貞俊「G米軍野戦病院跡辺り」を読んでみる

　1925 年生まれの大城立裕に対して，もう一人の大城，1949 年生まれの大城貞俊はどのように〈沖縄〉を描くのであろう？　大城貞俊「G米軍野戦病院跡辺り」を読むことを通じて，沖縄戦が〈沖縄〉の現在とどのような形でかかわりをもつのかについて考えてみたい．

　「ここだよ，ここ．確かに，ここに骨を埋めたんだよ……」／和恵は感慨深げにしゃがみ込むと，手前の雑草を払い，土を掴んで匂いを嗅いだ．真夏の朝の太陽が和恵の背中を照らし，目前に影を長く映している．サンサンサン……と，蝉の鳴き声が辺り一面に響き渡っている．鳴き声は，大きく枝を張ったホルトの樹から聞こえてくるようだ．…「姉さん……，やっぱりここに間違いないよ．俺もそう思うよ．ここから確か，そう，あのガラマン岳が，あの方角に見えたよ…」（大城貞俊『G米軍野戦病院跡辺り』人文書館，2008 年，6-7 頁）

G米軍野戦病院は，米軍が沖縄本島上陸後まもなく設置した仮設の病院である．野戦病院には「本島各地から傷ついた多くの民間人が運ばれ」，「戦禍が進むにつれて，負傷者の数も増え」た．しかし，「余りにもたくさんの人々が，次々と死んでいくので」，急遽病院近くの雑木林の中に埋葬地が設けられ，そこには約400〜500名の遺体があるとされている．時は流れ，G村では3年後の国体開催にあわせて体育館を建設することになり，その候補地として選ばれたのがG米軍野戦病院跡の埋葬地周辺であった．そこでG村当局は遺骨収集作業を企画し，遺族関係者にも呼びかけがなされた．その遺骨収集に参加したのが和恵・秀次の姉弟である．

米軍が沖縄本島へ上陸した1945年の4月，和恵は激しい戦火に巻き込まれていた知花村の生家を離れ，母，妹弟とともに北部の山中へ避難するが，G村の山中で母と妹の孝子が爆死してしまう．生き残った和恵と秀次はアメリカ兵によってG米軍野戦病院へ収容され，母と孝子の遺体は死体埋葬地に葬られた．

左頬に陥没した傷が残ったものの，健康を徐々に回復させた和恵は，野戦病院でキクおばあの炊き出しを手伝い，戦争が終わると知花村に帰るが，間もなく召兵されていた父と兄が戦死したという一報が届く．和恵は秀次の成長を楽しみにしながら必死に働こうとするが，全身に痛みを覚える日が続き，病院で精密検査を受けたところ，まだ小さな砲弾の破片が身体に残っていることがわかった．自分が無理のきかない体であることがわかると，和恵はコザ，吉原の歓楽街で水商売を始める．商売を細々と営みながら秀次をなんとか高校まで卒業させ，南部の激戦地である摩文仁の生き残りで常連客だった忠栄さんと男女の仲になったり，離婚した秀次の2人の子どもの面倒を見たりしているうちに，和恵はいつの間にか50歳を過ぎていた．あれから38年の歳月が流れていた．そんな折にG村米軍野戦病院跡埋葬地の遺骨収集のことを新聞広告で知った和恵は，秀次にも相談し，母と妹の遺骨を見つけるため，一緒に手伝いたいと申し出た忠栄さんとともに遺骨収集に参加する．

遺骨収集の初日，参加者全員でのウガン（御願）の後，和恵は埋葬者名簿の中にヨナミネの名前を探す．ヨナミネとは，G米軍野戦病院で米軍医師の通訳

として働いていた沖縄二世の米兵で，生きる意欲を失っていた和恵や秀次をいつも気遣い，そして励ましてくれた恩人である．ある日，キクおばあの家の裏座で眠っていた和恵は，村人たちの声に交じって，「ヨナミネを殺す……」「ヨナミネはスパイだ．あいつは，…琉球人の血を引いているにも関わらず，日本の天皇陛下を裏切っている．絶対に許す訳にはいかない！」というヤマトの兵隊と思われる人物の不穏な言葉を聞いてしまう．そのことをヨナミネに知らせようと思い，和恵はキクおばあの家を抜け出そうとするが，男たちに見つかってしまう．そして，ヨナミネはその数日後キャンプから忽然と姿を消し，その行方は杳として知れない．

　過去の記憶に囚われていた和恵が我に返ると，ブルドーザーで整地する場所に座り込んだまま動かない女が役場の職員と押し問答を繰り返している．秀次はそんな女を見て「フラー（馬鹿）じゃないか．みんな賛成したのに」と吐き捨てる．やがて，女はテントの中に強引に連れていかれるが，前を通った和恵たちに女は泣きながら，「いくら戦争だからといって，許されませんよ．チュ人間ヤ，アランドオ（人間のするようなことでは，ありませんよ）……．私は見たんですよ」と訴える．

　1週間後，遺骨収集作業が始まり，和恵たちは再び埋葬地跡へ出向く．手掘りでの骨の折れる作業が進むうちに，体内に残っている砲弾が熱を帯び和恵に疼きをおぼえさせる．休憩の時，和恵は目の前を通る一人の男が，キクおばあの家でヨナミネ殺害の相談をしていた男たちのなかの一人であると認める．「…あんたはヨナミネさんを，知っているでしょう？」という和恵の問いかけに対して，その男は「知らないといったら，知りませんよ」と強く否定し，迷惑そうにその場を立ち去る．

　和恵は，この遺骨収集によって，何かが明らかになるような気がした．でも，何が明らかになるのだろう．隠されていたことが，みんな明らかになったからといって，どうなるのだろう．もう元へは戻れないのだ……．なんだか，悔しかった．なぜだか，悲しかった．戦後を生きてきたのは，なんのためだったの

か……（大城貞俊『G 米軍野戦病院跡辺り』人文書館，2008 年，58 頁）．

　やがて母と妹が埋葬されたと思われる土坑から遺骨が出てくるが，秀次は浮かない顔でいる．頭蓋骨が二つあって，一つは子どもの頭蓋骨でなければならないのに，頭蓋骨が二つとも同じ大きさだというのだ．「ひょっとして，この土坑では，なかったかもしれないな……．なんだか自信がなくなってきたよ……」と迷う秀次．しかし，和恵は，秀次とは違い，どの遺骨が母親のものかわからないという悲しみではなく，もっと大きな悲しみを感じている．「大きな頭蓋骨が，孝子であってもいいし，孝子でなくてもいい．そんな気がしていた．二つの遺骨には，それぞれの生活があり愛する家族がいたはずだ．哀れイクサ世でこのようになってしまい，三十八年間もひとところに埋められたままだったのだ．なんだか，それだけで，もう十分に悲しかった」と．

　和恵の体内で，痛みが疼き出した．戦争はいつまでも戦後をつくらない．いつまでも戦場のままなのだ……．／和恵は，蘇ってくるたくさんの記憶と闘った．封印しなければならないと思った．忘れなければならないのだ．しかし，どこかで，ヨナミネさんのことも含めて，忘れてはならない記憶もあるのだ．そんな思いも，激しく沸き起こってきた．／和恵は，母さんや孝子の遺骨を持ち帰るためにやって来た．それは確かなことだ．しかし，それはなんのためだったのだろうか．記憶を断ち切るためだったとすれば，それは間違いではなかったか（大城貞俊『G 米軍野戦病院跡辺り』人文書館，2008 年，65-66 頁）．

　大城貞俊は，「G 米軍野戦病院跡辺り」の他にも，北部の G 村を舞台として沖縄のいわゆる戦後を生きてきた人々の戦争の記憶との向き合いをテーマとする作品「ヌジファ」「サカナ・カサナ・サカナ」「K 共同墓地死亡者名簿」の 3 編を綴っている．これらの作品を所収してある単行本『G 米軍野戦病院跡辺り』の後書きで大城は以下のように述べている．

　私は，沖縄の地で生まれ，沖縄の地で育ったことを，表現者としては僥倖のように思っている．死者をいたわるように優しく葬送する一連の法事や，また沖縄戦をも含めて，死者を忘れない共同体の祭事やユイマール（相互扶助）の精神に守られて，私もまた，生かされているように思う．／もちろん，それゆえに，抑圧的な権力や戦争に無頓着ではいられない．それは過去だけではなく，現在や未来にまでも繋がっていく視点だ．／私は今，沖縄の地で生きる時間と空間の偶然性を宿命のように感じている．この地にまつわる矛盾や課題は，それぞれの方法で担う以外にない．この地で生きる人々の苦悩や喜びは，普遍的な苦悩や喜びである．戦争を描くこともまた，人類の普遍的な課題である（大城貞俊『G米軍野戦病院跡辺り』人文書館，2008年，248-249頁）．

　「G米軍野戦病院跡辺り」の物語構造に着目し，これを「（過去を）断ち切ろうとして，断ち切れずに終わる物語」であると評する鈴木智之はいう．人々がその日々の暮らしの中で，戦争体験を過去のものとして受け止めることによって「戦後」が始まる．したがって戦闘は既に終結していたとしても，「人々が経験をいまだ過ぎ去らざるものとして抱え込み，その記憶の痛みが日常生活のただ中で感受されている限り」，そこで戦争はまだ終わっていないのだと（鈴木，2010）．

◆◆さあ，考えてみよう！◆◆

Q1.　エスニシティとは何かについて，戦後沖縄の歴史を簡潔にまとめながら述べてください．

Q2.　ベネディクト・アンダーソン『想像の共同体』を一読した上で，国民国家について思うところを述べてください．

第6章　社会システムと社会的ジレンマ

◆◆キーワード◆◆

社会的行為　M.ウェーバーは，行為を行為者自身にとって何らかの意味（主観的意味）を与えられているものであるとし，行為者にとって意味をもたない「行動」と区別している．行為が他の人々の行動との関連においてなされる場合，ウェーバーはその行為を社会的行為であるといい，社会的行為を目的合理的行為，価値合理的行為，感情的行為，伝統的行為の4つに分類した．

ダブル・コンティンジェンシー　ダブル・コンティンジェンシーとは，相互行為における自己と他者の行為の選択が，どちらも相手の選択に依存している「二重の条件依存性」のことである．自己（わたし）が次にどのような行為を選ぶかは他者（あなた）の行為次第なのであるが，他者の側からしても，「わたしが次にどうするかはあなたの行為次第」なのである．T.パーソンズはこれをあらゆる相互行為に内在する根本的条件とみた．

ホッブズ（的秩序）問題　T.ホッブズは『リヴァイアサン』において，人間が「自然権」をもっているため，お互いに暴力を行使し他者の生命や財産を奪ってでも自己の目的を達成しようとするいわゆる「万人の万人に対する闘争」という状態が生じ，各人が「万人の万人に対する闘争」という自然状態から脱却するためには，社会契約によって人間が本来持っている「自然権」を国家権力へ譲渡することが必要であって，そうすることで秩序が確保できると説いた．T.パーソンズは，ホッブズが提起した，なぜ秩序が成立するのかについてのそのような問いに「ホッブズ（的秩序）問題」と名づけ，これを批判している．

社会システム　社会を要素の集合，すなわちシステムとしてとらえる考え方で，社会における活動はシステムを構成する要素（もしくはサブシステム）の相互連関によって決定されると説明される．社会システム論を最初に展開したT.パーソンズは，諸個人の相互行為を社会システムの構成要素とみなし，社会システムの作動メカニズムを解明しようとした．パーソンズの社会システム論では，社会システムの活動が構造と機能から説明される．また，N.ルーマンは「複雑性の縮減」という機能を担った，人と人との間のコミュニケーションの連鎖のことを社会システムとよんだ．

創発特性　創発特性とは，全体がそれを構成する部分ないし要素には還元しつくすことのできない集合体自体の性質のことである．諸要素がつながって一つの全体をつくる場合などに，その全体が構成要素にみられなかった特徴を帯びるようになる．社会システムには個人の行為（要素）に還元できないシステムそれ自体の特性があるといえ，そこに社会をシステムとしてとらえる利点を見いだすことができるのである．

社会的ジレンマ　社会的ジレンマとは，個人レベルの合理性追求が，結果として社会的な不合理を招来してしまうこと，もっとわかりやすくいえば，複数の行為者の一人ひとりが相互に規制しあうことなく自分の利益を追求して行動した結果，集合財の悪化を引き起こし，みんなが自分の利益追求を抑制した場合と比較して，誰にとっても不利益な結果を招いてしまうことである．

共有地の悲劇　生態学者G.ハーディンは社会的ジレンマを「共有地の悲劇」という寓話で表現する．「共有地の悲劇」とは，牧草地が誰でも利用できる共有地である場合，牛飼い達は肥育する牛の数を増やして自己の利益を増大させようとし，結果として放牧された牛の数が牧草地のキャパシティを上回り全員が共倒れになったというものである．

120

受益圏／受苦圏　梶田孝道によれば，受益圏とは，環境破壊が生じた場合にそれを生み出した人々及びそれによって利益を得る人々のことであり，反対に受苦圏とはそれによって被害を受ける人々のことで，梶田はこれを①「欲求」の充足・不充足，あるいは社会システムの機能要件の充足・不充足という点と，②一定の空間的な広がりを持った地域的な集合体という2点から定義する．また，梶田は，受益と受苦が非対称の関係にあることを指摘している．受益圏には受益の「集約的代弁者」が登場するが，受苦圏の場合，収益的代弁者が存在することは稀であり，その受苦（被害）は放置され，蓄積される傾向にあるという．

フリーライダー　フリーライダーとは，非協力を選択し，あるいはコストを負担せずに利益のみを得ようとする人，「ただ乗りする人」のことである．ある人々が公共財の提供を受けるための協力行動やコスト負担を避け，ただそこからもたらされる恩恵にのみ浴しようとする傾向のことをM. L. オルソンは「フリーライダー問題」とよぶ．フリーライダーが増えれば，協力的行動をとること，コスト負担を選択する人が搾取される一方であるという状況が作り出され，最後には進んでそうする人がいなくなり，公共財の維持が困難になるだろう．その意味でフリーライダー問題も社会的ジレンマの一種であるといえる．

リスク社会　U. ベックは，その著書『リスク社会』において，古典的な産業社会，すなわち「第一のモダニティ」が階級闘争にみられるような財や豊かさの分配をめぐる紛争によって特徴づけられる社会であるのに対し，「第二のモダニティ」たる現代が，「リスク」の配分，あるいはその回避をめぐる紛争によって特徴づけられる「リスク社会」であるとみている．

1. 行為とダブルコンティンジェンシー
(1) 社会的行為とは何か
　ウェーバー（Weber, M.）によれば，「社会学」とは**社会的行為**の過程及び結

果を因果的に説明しようとする科学であるという．ウェーバーは，行為を主観的意味，すなわち行為者自身にとってなんらかの意味をもつ人間行動としてとらえ，主観的意味を理解することで行為の過程と結果を因果的に説明しようとする自らの社会学に**理解社会学**と名づけた．ウェーバーは，行為を行為者自身によって何らかの意味（主観的意味）を与えられたものであるとし，行為者にとって意味をもたない行動と区別している．ある学生が教室で授業中にアクビをしている．アクビがその学生にとってなんら意味をもたない反射的なものである限り，それは単なる「行動」にすぎない．しかし，授業が終了時刻に近づいているのにもかかわらず一向に話を終える気配をみせない教師に対して，「疲れてるんでもう終わりにしませんか？　先生もそうでしょ？」というメッセージとしてその学生がアクビをしてみせるのであれば，それは「行為」であるといってよい．行為の主観的な意味は，その行為が他の人の行動と関連をもつ場合にハッキリとみえてくる．学生のアクビの意味は，いつまでも授業をやめない教師の行動と関係づけられることによって可視的なものになる．ある人の行為が他の人々の行動との関連においてなされる場合，ウェーバーはその行為を社会的行為であるという．

　ウェーバーは行為者の動機という観点から，社会的行為を①その行為がもたらす将来の結果の予測をもとに，目的達成のために合理的に考慮されている**目的合理的行為**，②その行為がもたらすであろう結果とは無関係に，絶対的な価値にもとづいて行われる「**価値合理的行為**」，③その場の感情や気分によって行われる**感情的行為**，④慣れ親しんだ刺激に対する無意識の習慣的な反応である**伝統的行為**の4つに分類した．しかし，これらの4つの類型はあくまでウェーバーのいう**理念型**であり，現実の行為がこの4つの類型のどれかに分類されるというのではない．たとえば，看護師が患者を「看護する」という社会的行為がある．それは給料という見返りを期待して行われることもあれば（目的合理的行為），ひたすら病み傷ついた人を救いたいという信念からなされる場合もあれば（価値合理的行為），母親も姉も看護師だからなんとなく看護師になってしまって…という人もいるだろう（伝統的行為）．現実の行為は，行為者の動機

によって４つの類型のどれでもありうるのである.

(2) ダブル・コンティンジェンシーと囚人のジレンマ

　社会的行為は, 他者の行動と関係している自己の (私の) 行為であるという意味で一方向的であるといえるが, これが双方向的になったものを**相互行為** (interaction) とよぶ. 相互行為とは, いいかえれば, お互いに相手の行為の意図を理解しようとしながら行為し合うことである. ところが, そのように定義してはみたものの, それは口で言うほど簡単なことではない. 相互行為は**ダブル・コンティンジェンシー**という問題を内在しているからである. ダブル・コンティンジェンシーとは, 自己と他者の行為の選択が, どちらも相手の選択に依存している「二重の条件依存性」のことであり, パーソンズ (Parsons, T.) はこれをあらゆる相互行為に内在する根本的条件とみた. ダブル・コンティンジェンシーを最も端的にあらわすものとしてじゃんけんゲームがある. 次のじゃんけんの勝負で, 自己 (わたし) はグー, チョキ, パーという三つの選択肢のなかからチョキを出して他者 (対戦相手) に勝とうと考えている. ところが, 私がチョキを出すという選択は私の勝利にとって十分な条件とはならない. 私がチョキを出して対戦相手に勝つためには, その他にも相手がパーを出すという条件が必要となる. この意味で, じゃんけんというゲームは条件依存的, 偶発的 (コンティンジェント) なのである. じゃんけんの例の他にダブル・コンティンジェンシーという状況をよく示すものとして取り上げられる寓話が**囚人のジレンマ**である.

　二人の銀行強盗が別件で逮捕されて, それぞれ別の部屋で取り調べを受けている. 警察は二人を銀行強盗の共犯であると考えているが確たる証拠はまだない. 取調官は A, B に言う「もし, 二人とも素直に自白したらどちらも５年の刑で済む. ただし, どちらか一人が自白して, もう一人が黙秘しつづけた場合, 黙秘しつづけた方は10年の刑をくらうが, 自白した方は１年で出所できる. 両方とも黙秘しつづけた場合は別件の罪で A, B どちらも２年の刑になる. さあ, どうする? 自白する, それとも黙秘する?」と. この状況を表にすると,

表6-1　囚人のジレンマ

		囚人B	
		黙秘	自白
囚人A	黙秘	-2, -2	-10, -1
	自白	-1, -10	-5, -5

上のようになる．各セルのカンマの前には囚人Aの，後には囚人Bの，その選択肢を選択した末に得られる結果が示されている．

　A，Bはそれぞれどのような選択をするのだろう．自分がAだと仮定して考えてみよう．もし，Bを信じて黙秘を続けても，Bが自白してしまった場合….自分が自白してBが黙秘し続ければ自分は1年の刑で済むが，Bも自白すれば….いやいや，そのように迷っている間にBが自白して，自分だけが10年の刑期をくらうことになるかも….「囚人のジレンマ」という寓話で暗示されているのは，相互行為的状況において，自分と相手の欲求充足が互いに相手の出方に依存している，いや，それだけでなく，行為の選択そのものが相互に依存し合っているということである．相互行為とは本質的に条件依存的，偶発的なものなのである．

2.　社会システム─ホッブズ的秩序と社会システム─

(1) ホッブズ問題

　われわれの相互行為が本質的に偶発的であるとするならば，人間の他者とのコミュニケーションは常に不規則ででたらめなものにならざるをえないのだろうか？　そこに，安定したまとまり，パターン，いいかえるなら〈秩序〉を求めるのは到底無理なことなのだろうか？　そのような問いに対して最初に答えを示したのが17世紀のホッブズ（Hobbes, T.）である．ホッブズは『リヴァイアサン』において，政府や法など人間の暴力や欺瞞を抑制するものがない状態を「自然状態」とよぶ．人間は各人が自己の生存のためにその能力を無制限に行使する自由，いわゆる「自然権」をもっている．また，各人の能力の個人差はわずかであってそのために目標達成への希望も各人に平等に生じることにな

るという点がホッブズの立論の前提としてある．しかし，そのために，人間が
お互いに暴力を行使し他者の生命や財産を奪ってでも自己の目的を達成しよう
とするいわゆる「万人の万人に対する闘争」という状態が生じる．そこで，各
人が「万人の万人に対する闘争」という自然状態から脱却するためには，社会
契約によって人間が本来持っている「自然権」を国家権力へ譲渡することが必
要であり，そうすることで秩序が確保できるとホッブズは説いた．

　パーソンズ（Parsons, T.）は，ホッブズが提起したなぜ秩序が成立するのかと
いう問いに「**ホッブズ（的秩序）問題**」と名づけ，これを批判する．なぜならば，
ホッブズの発想には，人間とはより小さいコストでより大きな利益を追求する
ものであるという功利主義的な仮定がみられ，その仮定に従うなら「万人の万
人に対する闘争」の問題を解決し社会的な秩序を実現することなど不可能だか
らである．それではパーソンズはこの問題解決への道筋をどのように説明する
のだろうか？　そもそも相互行為に内在する二重の条件依存性，偶発性に「ダ
ブル・コンティンジェンシー」と名づけてコミュニケーションにおける秩序の
不安定性について指摘したのはパーソンズであった．パーソンズは，相互行為
が本質的にダブル・コンティンジェンシーという条件を抱えながらも安定にた
どり着くための鍵を「役割期待の相補性」と「制度化／内面化を通じての価値
規範の共有」のなかに見出す．

　第1章でも説明したが，役割（role）とは，たとえば，母親，教師，患者といっ
たある社会的な立場（地位）を占めている者に対して，社会が（あるいは周囲に
いる人々が）期待する規範的な行動様式である．われわれは社会生活の多くの
場面において，匿名の某としてではなく，花子の母親，物理の教師，O整形
外科医院の患者として特定の他者（娘の花子，担当クラスの生徒，O整形外科の
医院長）と関係（この関係を社会関係という）をもつ．Aさんが教師として担当ク
ラスの生徒たちとコミュニケーションをとる局面において，Aさんには教師
としてふさわしい行動をとることが周囲から期待されている．これが役割期待
である．Aさんの生徒であるBさんにも同じことがいえる．Bさんは教師で
あるAさんに対して生徒としてふさわしい行動をとることが期待されている．

しかも教師であるＡさんに対する役割期待と生徒であるＢさんに対する役割期待は，たとえば物理の授業をする／物理の学習するといったように，お互いの欲求充足に対して適合的であるといえる．これがパーソンズのいう「役割期待の相補性」である．つまり，相互行為が，母―子ども，教師―生徒，医師―患者のようにセット化され，双方の期待が相補的になるようデザインされた役割にもとづいて行われている限り，「ダブル・コンティンジェンシー」という問題を回避することが可能なのである．

　しかし，役割のシステムにおいて役割期待の相補性が実現できているだけでは相互行為が十分に安定的であるとはいえない．教師は生徒に対して懇切丁寧なわかりやすい講義をする，生徒は教師の講義内容を理解するよう努力することが期待されていたとしても，それだけでは彼らがその期待通りにふるまうことが保証されていない．その次に必要となるのは，価値規範が制度化／内面化を通じて行為者に共有されていることである（ここでは価値規範を「望ましさに関する基準」という意味で使っている）．たとえば，「真剣に勉強して授業内容を理解する」という生徒に対する役割期待は，そのままでは単なる期待で終わってしまう．そこで，この役割期待，すなわち生徒にとって望ましい行動パターンを「授業中は一切の私語をつつしみ学習内容を十分に理解するよう努めなければならない」等の条文にして校則に定め，それに従った生徒には何らかの褒賞（大学への推薦，学費免除）を，逆にそれを怠った生徒には何らかのペナルティ（停学，退学）を与える．それならどうだろう？　教師に対しても同じことを行うのなら，つまり教師として望ましいふるまいを規則として明確にし，正負のサンクションで動機づけるのなら，どうだろう？　おそらく，教師―生徒の相互行為はますます安定したものになるだろう．教師はますます教師らしく，生徒は生徒らしくふるまうようになり，双方がお互いに期待通りの役割を遂行するようになるだろう．それがいわゆる**制度化**（institutionalization）というものである．

　また，役割についての望ましさの基準が制度化を通じて共有されるということは，同時にそれが役割の占有者のパーソナリティに**内面化**（internalization）

されている可能性を示唆している．内面化とは，社会の価値規範が，個人のなかに取り入れられることを通じて，その人自身の価値規範になることを意味する．教師は規則を通じての外からの強制によって教師らしくふるまうだけでなく，自らの胸裏にある職業倫理に則って教師らしくふるまうだろう．この内面化によって相互行為はますます安定したものとなることが考えられる．

(2) 社会システム論

社会システム論とは，社会を要素の集合，すなわちシステムとしてとらえる考え方で，社会における活動はシステムを構成する要素（もしくはサブシステム）の相互連関によって決定されるという見解である．社会システム論を最初に展開したパーソンズ（Parsons, T.）は，諸個人の相互行為を社会システムの構成要素とみなし，社会システムの作動メカニズムを解明しようとした．パーソンズの社会システム論では，社会システムの活動が構造と機能から説明される．構造とは人間関係や社会的資源配分の定型化されたパターンであり，具体的には役割の体系であるといえる．これに対して機能とは，構造が社会システムの存続にプラスもしくはマイナスに作用すること（あるいはその効果）をいう．

パーソンズはベイルズ（Bales, R.）らの小集団研究から大きな示唆を受け，システムの存続にとって欠くことのできない4つの機能を**機能的要件**（機能的命令）とよんだ．4つの機能とは，外的環境に働きかけてそれを制御したり外的環境への適応の手段を獲得したりする機能である「適応（Adaption）」，システムの目標を設定し，これを達成する機能である「目標達成（Goal attainment）」，システムを構成する部分（要素）間のまとまりを保持する機能である「統合（Integration），システムの安定的維持のために，システムの現行パターンを維持するとともに，システム内部に生じる緊張を軽減する機能である「潜在的パターンの維持と緊張処理（Latent pattern maintenance and tension management）」であり，そのようなシステム・モデルを4つの機能の頭文字をとって**AGIL 図式**とよぶ．パーソンズは社会システムをサブシステムの相互連関によって構成されるものであるとみるのであるが，適応＝A 機能は経済サブシステムに，目

標達成 =G 機能は政治サブシステムに，統合 =I 機能は共同体，法律といった統合サブシステムに，潜在的パターンの維持と緊張処理 =L 機能は教育や家族を含む文化サブシステムにそれぞれ対応すると説明されている．

　機能という概念についてもう少し補足的に説明しておく．機能は社会学だけでなく，人類学の分野でも用いられ，大きな成果をあげているが，マートン (Merton, R. K.) は機能分析など人類学で用いられてきた機能という概念の問題点を指摘し，機能概念を整理してみせる．機能のうち，社会システムの構成要素である行為者たちが意図せず，認知もしないシステムに対する働きのことをマートンは**潜在的機能** (latent function) とよび，これを行為者たちが意識し期待する**顕在的機能** (manifest function) と区別する．また，全体を構成する要素 (部分) が，全体の維持・存続を脅かす作用をしている場合，この作用を**逆機能** (dysfunction) とよび，要素 (部分) の全体の維持・存続への促進的作用である**順機能** (eufunction) と区別する．

　社会をそのようなシステムとしてとらえるメリットとして，システム固有の特徴である**創発特性** (emergent property) をあげることができる．創発特性とは，全体がそれを構成する部分ないし要素には還元しつくすことのできない集合体自体の性質のことである．諸要素がつながって一つの全体をつくる場合などに，その全体が構成要素にみられなかった特徴を帯びるようになる．例えば，ある会社は，その会社を構成する各社員のキャラクターには還元することのできない独自の社風をもつ．この創発特性のゆえに，社会をシステムとしてとらえることには大きな意義があるのだとされる．

　パーソンズの他に社会システム論を展開した二人の社会学者についてもふれておく．ルーマンとハーバマスである．ルーマン (Luhmann, N.) は「**複雑性の縮減**」という機能を担った，人と人との間のコミュニケーションの連鎖のことを社会システムとよんだ．パーソンズが社会システムの要素を社会的行為にあるとみなすのに対して，ルーマンは「情報／伝達／理解という 3 つの選択の総合」として定義される**コミュニケーション**を社会システムの要素としてみなすのである．ルーマンは，社会システムをなしているコミュニケーションの編成

原理を「社会的分化の形式」とよび，それが歴史的にみると，環節的分化，階層的分化，機能的分化（それぞれ古代社会，中世社会，そして近代社会に対応する）という順で展開されてきたと指摘する．近代社会においては，政治，経済，法，科学，芸術などの領域が専門性を高め，それぞれが機能分化したシステムとして独自の「コード」を踏まえコミュニケーションを編成していく．この閉じられた各システムでは，自らの構成要素であるコミュニケーションのみを通じて新たなコミュニケーションが産出され，システムそのものが「自己創出」されてゆく．たとえば，法システムの下では，Aという行為が合法であるというコミュニケーションが，Bという行為は「Aが合法であることに照らし合わせて」合法であるという次のコミュニケーションを産出し，法システムそれ自体を自己創出する．これがルーマンのいう**オートポイエーシス**である．しかし，そのような自律化された，閉じられたシステムにおいては，自らを規定するための手がかりが失われてしまう．たとえば，経済システムにおいて，あるサービスに対してどの程度の対価が支払われるべきかをそのサービスの価値を評価する，いわば〈観察する〉ことによって決めることはできない．われわれにできるのは，他人がそのサービスを〈観察〉して，それに対してどのくらい支払おうとしているのかを〈観察〉した上で，自分がその額を支払うか否か決めることだけである．このことをルーマンは「セカンド・オーダーの観察（観察の観察）」という．

　ルーマンとの論争で知られるハーバマス（Habermas, J.）は，彼以前の行為理論を整理したうえで，人と人とが言葉を介して了解を志向しながら，お互いの間に齟齬が発生した場合には討議によって合意を目指すような相互行為を**コミュニケーション的行為**とよぶ．コミュニケーション的行為においては，話し手は，その発言の意味が伝わるのか（適切性），自分の発言が事実と一致しているのか（真理性），その発言が集団の規範からみて正当なのか（正当性），発言している通りのことを思っているのか（誠実性）という4種類の妥当性を問いながら聞き手に何かを言い，聞き手との合意が目指される．そのようなコミュニケーション的行為がかつて市民的公共性を創出していたのだとハーバマスはい

う．しかし，近代化によって，目的合理的で功利主義的，成果第一主義である**戦略的行為**が優位となり，戦略的行為の体系，目的合理性の支配する世界（すなわち「システム」）が言語的コミュニケーションを通じた相互了解の世界（すなわち「生活世界」）を侵食していく（これを「**システムによる生活世界の植民地化**」という）．ハーバマスは近代化をそのようなものとしてとらえ，それを批判するのである．

3. 社会的ジレンマ

(1) 社会的ジレンマ

　先に「ダブル・コンティンジェンシー」を端的にあらわす寓話として紹介した「囚人のジレンマ」の結末にふれておこう．もう一度，表6-1をみてほしい．囚人Aの立場になって考えた場合，相棒の囚人Bが黙秘した場合，自分も黙秘を貫けば両方とも2年の刑になるが，自白した場合1年の刑ですむ．囚人Bが自白した場合に自分が黙秘を続ければ10年もの刑期をくらうことになるが自分も自白してしまえばBとともに5年の刑ですむ．つまり，Bがどちらを選択しているにせよ，自白してしまった方が刑は軽いとAは考えるだろう．Bの立場になって考えてみても同じことがいえる．Aが自白，黙秘のどちらを選択しても，自白してしまった方が軽い刑ですむ．**ゲーム理論**的な見解に従えば，これが「囚人のジレンマ」の落ちである．どちらも黙秘を貫けば1年という最も短い時間で出られたはずなのに，A，B両者とも少しでも軽い刑になるような計算をしてしまったため，いわば「利得最大化」を目指してしまったため，結果として両者にとって最善とはならない選択をしてしまうのである．

　「囚人のジレンマ」は，「ダブル・コンティンジェンシー」をあらわすのと同時に，2人の間に生じる「社会的ジレンマ」をあらわす寓話でもある．社会的ジレンマとは，個人レベルの合理性追求が，結果として社会的な不合理を招来してしまうこと，もっとわかりやすくいえば，複数の行為者の一人ひとりが相互に規制しあうことなく自分の利益を追求して行動した結果，集合財の悪化を引き起こし，みんなが自分の利益追求を抑制した場合と比較して，誰にとって

も不利益な結果を招いてしまうことである．生態学者ハーディン (Hardin, G.) は社会的ジレンマを**共有地の悲劇**という寓話で示している．共有地の悲劇とは，牧草地が誰でも利用できる共有地である場合，牛飼い達は肥育する牛の数を増やして自己の利益を増大させようとし，結果として放牧された牛の数が牧草地のキャパシティを上回り全員が共倒れになったという寓話である．この共有地の悲劇は，われわれが直面するさまざまな環境問題と重なっている．

　たとえば，地方都市などにおいては，自家用車を保有している人が多い．自家用車を利用して通勤した方が，決して便利だとはいえない公共交通機関を利用するより通勤時間が短くてすみ，通勤にかかる費用も安くすむ（初期投資は別である）．そこで多くの人が，その便利で気楽な自家用車による通勤を始めるのだが，やがて朝の交通渋滞が慢性化し，電車を使って通勤するよりも時間がかかるようになるし，排気ガスによる大気汚染の問題も発生する．市は交通渋滞の解消や大気汚染対策のための手を打たなければならず，そのためにかかる莫大な費用は結局市民が支払う税金から捻出される．このようにわれわれは普通に生活することを通じて気づかぬうちに環境破壊に関与しているのであるが，そのことはわれわれ一人ひとりの倫理的な資質と直接関係がない．そこに社会学的な問題があるのだ．公共交通機関がない（あるいはあっても不便極まりない）地域で暮らす人々が職場まで通勤するためには，自動車を利用する→排気ガスを出す→大気を汚染するという選択肢を選ばざるを得ない．通勤者はわれ知らず大気汚染の過程へ構造的に巻き込まれてしまう．このことを舩橋晴俊は「構造化された選択肢による『通常の個人』の巻き込み」とよぶ（舩橋，1993）．

(2) 公害から環境へ

　日本では高度成長期に水俣病に代表されるような「公害」（工場公害）型の環境破壊が多発し，「公害先進国」という不名誉な称号を得るにいたった．それは政府が経済成長政策を国家の目標として掲げ，とりわけ重化学工業の育成によって産業全体を振興させ，そのことによって GNP の増大をはかったことと

大きく関係している．戦後の経済政策において経済成長の起爆剤にされた製鉄などの素材産業は生産過程で有害な廃液，廃ガスなどを発生させる．つまり，公害を生み出しやすい産業なのである．公害を発生させないためには，個々の企業が工場廃液・廃ガスから有害物を取り除く処理をするなどの公害対策を行う必要があるが，それを実施すると莫大な費用がかかる．個々の企業にしてみれば，公害対策をしない方がコストを抑えられるし，そうなれば他社よりも自社製品の価格を安く設定することもでき，結果として他社との競争に勝つことができる（あくまで高度経済成長期の話で，企業のCSRが強調される現在では必ずしもそうはならないが…）．経済学が「外部不経済」とよぶ問題がそこにみられる．

　また，企業が公害対策をしないこと，国家行政の視点からすればそれを放置しておくことは，重化学工業による経済成長，具体的にはGNP増大という国家目標の実現にとっては不可欠なことでもあった．かくして，アセトアルデヒドを生産していたチッソ水俣工場から水俣湾・不知火海に大量廃棄された工場排水に含まれていた有機水銀化合物を原因とする水俣病，昭和電工鹿瀬工場が阿賀野川に排出した廃液に含まれていた有機水銀化合物を原因とする新潟水俣病（第二水俣病），日本初の石油化学コンビナートである四日市市コンビナートから大量に大気中に放出された亜硫酸ガスを原因とする四日市ぜんそく，三井金属鉱業神岡事業所が鉱山の精錬による未処理水を排出したことによるカドミウム中毒である富山のイタイイタイ病等，いわゆる四大公害病がこの高度経済成長期に次々と顕在化している．

　しかし，最近，「環境」については問題とされ，議論が盛んに行われる一方で，「公害」という言葉をめったに耳にすることがなくなった．それは日本社会から「公害」がなくなったからであろうか？　丸山徳次によれば，あらゆる環境汚染・環境破壊は，「被害」としてとらえられるようになってはじめて「公害」として問題視される，言い換えるなら，人的な被害と加害の関係が明瞭になることではじめて「公害」とみなされるという（丸山，1998）．たとえば，「公害の原点」とよばれる水俣病は，チッソ水俣工場においてアセトアルデヒドを生産する過程で生成された有機水銀化合物を含む工場排水が未処理のまま海に

排出され，食物連鎖によって毒性の生体濃縮が起こり，そのようにして汚染された魚介類を大量に摂取していた沿岸部の漁民たちを中心に発生したメチル水銀中毒である．ここでは加害（チッソ）と被害（沿岸部の漁民たち）が比較的明瞭であり，因果関係（工場排水に含まれていたメチル水銀を原因とする中毒症状）と責任関係（中毒患者に対する排水浄化等の処理をせず排水をたれ流しにした企業の責任）もある程度明確になっている（もっともその加害—被害関係，因果関係や責任関係が「確定」されるまでに長い時間を要し，因果関係についてはいまだに明らかにされていない部分があることもわれわれは忘れてはならないが）．

　しかし，現在，われわれが直面しているような環境汚染・環境破壊についていえば，加害—被害の関係，あるいは因果関係と責任関係が明瞭であるといえるだろうか？　以前「ビューティフル　アイランズ（Beautiful Islands）」（監督・海南友子）という映画を観た．ツバル，ベネチア，アラスカ・シシマレフ島，その映画では近い将来に消えてしまうかもしれない美しい島の日常がBGMやナレーション抜きで淡々と描かれていた．南太平洋に浮かぶ海抜1.5mの美しい楽園ツバルは地球温暖化の影響を受け世界で最初に沈む島だと言われている．誰の（あるいは何の）ためにツバルは沈むのだろうか？　地球温暖化は主として人為的に排出される温室効果ガスを主因として起こる．温室効果ガスのなかでも二酸化炭素は温暖化に最も大きな影響を及ぼすとされているが，火力発電や工場，自動車による化石燃料の燃焼が大気中の二酸化炭素量を増加させ，また環境破壊によるサンゴの減少，大規模な森林伐採などにより自然が二酸化炭素を減少させる能力が低下してきていることが指摘されている．つまり，つきつめれば，われわれ一人ひとりの日々の消費生活，ライフスタイルのあり方が地球温暖化へとつながっているのである．われわれすべてが加害者なのである．先にふれた「構造化された選択肢による『通常の個人』の巻き込み」がここでもみえてくる．

　また，真っ先に地球温暖化の被害者になるのはツバルの人々かもしれないが，長い目で見ればわれわれすべてが地球温暖化の被害者であるともいえる．加害—被害の関係が比較的明瞭で，因果関係や責任関係の特定が比較的容易であっ

た「公害」問題に対して，加害―被害関係を特定できない「環境」問題においては，そのように誰もが平等に被害者であり加害者であるという幻想が生まれる傾向があることを丸山は指摘する．しかし，環境汚染・環境破壊の被害は平等には起こらない．水俣病の例からもわかるように，被害はまず生物学的な，そして社会的な意味での弱者（胎児，子ども，女性，老人，病人，貧困者）に生じるし，特定のライフスタイルを送る者（漁民）に集中して起こる（丸山，前掲書）．だからこそ，「環境」問題においても，「公害」と同様に，あるいはそれ以上に，被害の因果関係や責任関係が明確にされなければいけないのである．

(3) 受益圏／受苦圏とフリーライダー問題

　その「環境」問題における被害の責任関係を明確なものとするために参考になるのが，梶田孝道 (1988) によって提唱された**受益圏（加害圏）／受苦圏（被害圏）**という対概念である．受益圏とは，環境破壊が生じた場合にそれを生み出した人々及びそれによって利益を得る人々のことであり，反対に受苦圏とはそれによって被害を受ける人々のことで，梶田はこれを①「欲求」の充足・不充足，あるいは社会システムの機能要件の充足・不充足という点と，②一定の空間的な広がりを持った地域的な集合体という2点から定義している．梶田は，受益と受苦が非対称の関係にあることを指摘する．受益圏，受苦圏ともに，組織化されている場合とそうでない場合があるが，受益の場合は，受益者が特定できなくても欲求や機能要件が明白であるから，たとえ圧力集団や利害団体として組織化されていないにしても，国家官僚＝テクノクラートのような受益の「集約的代弁者」が登場する．これに対して，受苦の場合，収益的代弁者が存在することは稀であり，受苦者の組織化がなければ，その受苦（被害）は放置され，蓄積される傾向にあることを梶田は指摘している（梶田，1988）.

　受益圏と受苦圏の関係は，大きくいうと，「ある欲求（機能要件）の充足と，それとは別のもう一つの欲求（機能要件）の不充足とが，同一主体によって共有されるか，それとも別個の複数主体によって分有されているか」によって，**「重なり型」**と**「分離型」**に分類することができる．廃棄物処理場建設問題に

典型的にみられる「重なり型」は，受益圏（関係自治体の全住民）と受苦圏（処理場周辺に住む住民）が重なっており，そのために受益圏を構成する住民一人ひとりに責任の自覚や廃棄物処理需要に対する自己制御が生まれやすい．これに対して，たとえば高速道路公害問題，原発問題のように受益圏と受苦圏が分離している（受益圏＝国民全体に広がる利用者，受苦圏＝高速道路沿いの住民）「分離型」では，受益圏を構成する人びとが受苦圏に対して与える苦痛に無自覚なことが多く，結果として需要に対する自己制御が生まれにくいという（梶田，前掲書）．

　受益圏と受苦圏の関係は，「重なり型」から「分離型」に移行しつつあると指摘されているが（海野，1993），受苦圏は受益圏から分離していると同時に，間接化され不可視化されたものになっているといえるのではないか．たとえば，ミンダナオ島の鉄鉱石焼結工場，レイテ島のパサール（フィリピン合同銅精錬所），「カラバルソン計画」におけるカラカ石炭火力発電所などを事例としてフィリピンの産業公害の変遷を追った平岡義和は，いずれの事例においても，日本の企業，政府が日本国内の需要を満たすため，出資，あるいは公的資金の供与という形で産業公害に関与していることを指摘する．また，公害への日本企業の関与は，公害輸出→商社による出資→多国間援助構想にもとづく円借款という形で，次第に間接化されていくのだが，「日本向けの生産に関係して公害が発生するという事態には変化がない」ことを平岡は鋭く告発する（平岡，1993）．つまり，「開発」という名の下にフィリピンが被る環境破壊から明らかに恩恵を受けているはずのわれわれ日本国民（受益圏）に，工場や発電所の周辺に暮らすフィリピンの人々（受苦圏）の被害はみえないのである．みえないとは，物理的に見えないということであると同時に，環境破壊における加害─被害の関係や因果関係，責任関係がシステムによる間接化を通じて曖昧なものにされているということを意味する．

　環境汚染・環境破壊は社会的ジレンマの帰結としてとらえられること，また，近年の，いわゆる「環境」問題において，加害─被害の関係がきわめて見えにくいものとなっていることを指摘してきたが，それではどうすればそのような

「環境」問題を解決に導くことができるのだろうか？　その答えはおそらく社会的ジレンマの解決方策のなかにみえるはずである．ある人々が公共財の提供を受けるための協力行動やコスト負担を避け，ただそこからもたらされる恩恵にのみ浴しようとする傾向のことをオルソン（Olson, M. L.）は**フリーライダー問題**とよぶ．フリーライダーとは，非協力を選択し，あるいはコストを負担せずに利益のみを得ようとする人，「ただ乗りする人」のことである．フリーライダーが増えれば，協力的行動をとり，コスト負担を選択する人が搾取される一方であるという状況が作り出され，最後には進んでそうする人がいなくなり，公共財の維持が困難になるだろう．その意味でフリーライダー問題も社会的ジレンマの一種であり，社会的ジレンマを解決するために「フリーライダー」をいかになくすかということが議論されている．

　オルソンは，集団のメンバーが（個人利益ではなく）集団利益を増進するため協力行動をとったり，コスト負担したりするのは，次の3つの条件のうち，少なくとも一つの条件が満たされる場合であることを指摘している．①集団のメンバーに対して協力行動（コスト負担）が強制されている場合，②いわゆる「**選択的誘因**（selective incentives）」が供給される場合，すなわち協力行動（コスト負担）を選択する方が合理的であるように制度が設計されている場合，③集団の規模が小さい場合である（木村，1991）．つまり，この3つの条件が満たされていれば，フリーライダーを減らすことができるのである．③の条件について理論的な解明を与えることがいわゆる「オルソン問題」であるが，ここでは主に①と②の条件について考えてみたい．山岸俊男の言葉を借りれば，①の条件を満たすためには「アメとムチ」のムチを使って，②には「えびで鯛の原理」を使って社会的ジレンマを解決する方法がある．それぞれの方法にデメリット（相手に対する信頼感がなければ「えびで鯛の原理」は働かない，「アメとムチ」のムチによる統制にはコストがかかるし，人々から自発的に協力しようという気持ちを奪ってしまうなど）があるが，たとえば，①はごみの分別を法律や条例などによって義務づけ，違反者に対してはごみを回収しない，罰金を徴収するといった罰則規定を設けること，②については，デポジット制や有料化を導入するこ

とによって分別へのインセンティブを与えることなどが具体的に考えられる（山岸，2000）．

　オルソンのいう 3 つの条件以外に，もう一つ社会的ジレンマを解決に導くための方策をあげるとすれば，それは巨大で入り組んだ社会システムを生きるわれわれが，目にみえないもの，かけがえがないものを〈みる〉ための視力を「獲得すること」であろう．現代の情報化／消費化された社会システムの登場を「自分で自分の前提をつくり出すことのできる，自己準拠系としてのシステムが自己を純化し，完成したこと」とみなす見田宗介は，そのシステムが生産の起点，消費の末端においてたちまち資源／環境的な「限界」につきあたるが，「それはさしあたり，このシステムの外部の諸社会，諸地域への転移によって遠方化され，不可視化される」と述べる．そして「環境危機の唯一の解決策は」「自分たちは今よりも幸せになるのだという洞察を，人々がわけもつことである」というイリイチの言葉を引用した後で，最後にこう結んでいる．

　…この〈目にみえないもの〉は，空間的に遠い地域の人々に転嫁されているゆえに目にみえないもの，時間的に幾年も幾世代も後の帰結であるゆえに目にみえないものであるだけでなく，モノとして存在しないゆえに目にみえないもの，測定し，交換し，換算しないゆえに目にみえないものであることがある．これらすべての目にみえないもの，みえにくいものに対する視力を獲得することが必要なのだけれども，それはこのように，測定し交換し換算しえないものへの視力，つまり〈かけがえのないもの〉についての視力を含まねばならないだろう（見田宗介『現代社会の理論―情報化・消費化社会の現在と未来―』岩波新書，1996 年，164 頁）．

◆◆もうちょっと詳しくみてみよう！　リスク社会◆◆

　ベック（Beck, U.）は，その著書『リスク社会』において，古典的な産業社会，すなわち「第一のモダニティ」が，階級闘争にみられるような財や豊かさの分配をめぐる紛争によって特徴づけられる社会であるのに対し，「第二のモダニ

ティ」たる現代が,「リスク」の配分, あるいはその回避をめぐる紛争によって特徴づけられる「リスク社会」であるとみる. ベックはもともと科学技術が引き起こす環境リスクを問題としていた. たとえば, 核分裂反応のエネルギーを利用する原子力発電の技術が実用化されたことによって, われわれは重大事故や放射能汚染, 放射性廃棄物の処理といったようなリスクを抱え込むようになる. そのようなリスクの配分・リスクをめぐる紛争の特徴として, 第一のモダニティにおいて特徴的だった富の配分をめぐる紛争からそれが自立している点をベックはあげている. 第一のモダニティにおいては, たとえば, 公害の被害者の多くが漁民や地域住民などのような加害企業の受益事業システムの「外部」にいる者であったように, 富の配分とリスクの配分は重なり合っていたが, 第二のモダニティであるリスク社会においてはそれらが必ずしも重なり合わないというのだ. たとえば, 2012年6月に首相官邸前で関西電力大飯原発再稼働に反対するデモが起こったが, そのデモに参加した人の多くは非関西居住者で関西電力とは直接的に利害関係をもたない人びとであろう (これはあくまでも推測にすぎないが). すなわち, リスクの配分 (マイノリティに集中する傾向にはあるが) 及びそれをめぐる紛争は, 必ずしも富の配分と対応せずに自立化しているのである.

　ベックはまたリスクが知覚不能で, それゆえに制御が難しいことを指摘する. よってわれわれは, 政治的決定に必要なリスクについての知識や評価を, 科学的知見をもった専門家＝科学者の手に委ねるしかないのだが, リスクについての科学的知見そのものが論争的であり, 専門家の間でもその評価について意見が分かれることから, リスクの知識や評価が専門科学者によって独占されず, 科学的知識をもった当事者団体, NPOやNGOなどのレイ・エキスパートの評価を絶えず考慮に入れざるをえなくなる. この点も原発再稼働をめぐる一連の報道を思い出せば容易に理解できるだろう. 真面目な報道番組からバラエティ番組にいたるまで, 専門科学者をはじめとして, 環境NPO代表, 弁護士, 医師, 経済コンサルタント, 作家, お笑い芸人…といったような様々な立場の人間によって原発再稼働の是非 (リスク) をめぐる議論が日々生成されている

のである．

　また，ベックはリスクがグローバル化する点を強調している．リスクは一つの地域，一つの国家の枠内にとどまることがない．リスクは国境を越え，世界中をリスクに曝すのである．また，地球温暖化や福島第一原子力発電所事故の例をみればわかるように，リスクは空間を越えるだけでなく，時間や世代をも飛び越えるのである（Beck, 1998）．

◆◆さあ，考えてみよう！◆◆

Q1.　「社会システム」とはどのような概念なのか？　T.パーソンズとN.ルーマンの社会システムに対する考え方の違いを意識しながらまとめてください．

Q2.　環境汚染・環境破壊の問題を一つ取り上げ，受益圏と受苦圏を設定し，それを図示してください．

第7章　ジェンダーという問題

◆◆キーワード◆◆

ジェンダー（gender）　オス／メスのような生物学的にみた男と女の「違い」であるセックス（sex）対して，「男はこうあるべきだ」とか「女らしさ」のような，男性であることと女性であることについて社会的につくられた取り決め，文化的・社会的につくられた男女の違いをあらわす概念である．セックスが自然なものであるのに対して，ジェンダーはその構築性（社会的につくられたもの）が強調される．

性別役割分業（sexual division of labor）　近代社会において成立した，男性は（家庭の）外で仕事，女性は（家庭の）内で家事育児という，「分業」として固定化された性役割のこと．産業化によって公的領域と私的領域が二分化されたことによって性別役割分業がもたらされたと説明される．「女は家庭」という役割分業は，女性を家庭に縛りつけその自己実現を妨げるだけでなく，女性労働の低賃金を正当化してきた．また，「男は仕事」という役割分業も男性を家庭や地域における人間らしい生活から疎外してきたことが最近指摘されるようになっている．

第2波フェミニズム（second wave feminism）　男女の平等な関係確立を目指す思想や運動を意味するフェミニズムは，まず19世紀中葉の西欧で，婦人参政権や財産権を求めることから始まった．その，いわゆる第1波フェミニズムとは異なり，1960年代にアメリカで始まり，全世界に広がっていった第2波フェミニズムは，家庭や日常生活における男女間の不平等，人々の意識に根深く浸透する性差別の告発と変革を目的としていた．その初期には「ウーマン・リブ」

ともよばれたこの運動は，女性たちが教育やメディアによって自身を「女らし
さ」という檻に縛りつけていること，女性たちが家事育児という「無償労働」
を担わされることで男性への経済的従属を余儀なくされていることなど，われ
われの文化のなかに構造化された「家父長制」の変革を主張した．

無償労働（unpaid work）　男性が行う市場（公的）労働／賃金労働とは違い，私
的であるがゆえに賃金・報酬が支払われない女性の働き方あるいは活動のこと
（ただし，男性の無償労働ももちろんある）．無償労働といえば，家事・育児・介
護など世帯内での家族員への世話が思い浮かぶが，それだけが無償労働ではな
い．主に女性によって担われている地域社会におけるボランティア活動もそう
であるし，経済活動として把握されながらも収入にはならないことが多い女性
による農業労働（夫の収入になる）なども無償労働であるといえる．

ダブルスタンダード（double standard）　個人の性別や人種といった属性に基
づいて，社会がおのおの異なった評価を下すことをダブルスタンダードとい
う．ジェンダーと関係するダブルスタンダードとして，「性道徳のダブルスタ
ンダード」がある．一般に社会は男性のセクシュアリティに対して寛容である
一方で，女性がセクシュアリティについてオープンであること，すなわち，結
婚前に豊富な性的な経験をもつことや，自分の性体験をあからさまに語ること
に対して社会は厳しい態度でのぞむ．その，男性とは異なる評価基準が，女性
が自分のセクシュアリティについて自ら決定する権利を奪っているのだという
主張がこれまで女性学などにおいてなされてきた．

隠れたカリキュラム（hidden curriculum）　学校教育において，生徒が教科書を
使って学ぶ正規のカリキュラムとは別に，日常の学校生活のさまざまな場面に
おいて，教師の何気ない言動や学校文化を通じて，子どもたちに「男の子はこ
うあるべきだ」とか「女の子はこうしなければならない」といったようなジェ
ンダー意識が暗に伝えられること．たとえば，男子がいつも先によばれる男女

別クラス名簿には，男が優先されるという意識を子どもたちに植えつけてしまうという指摘がある.

ジェンダー・トラッキング　たとえば，教師が「女の子だから，短大か文系の大学にしておきなさい」「男の子だから，就職に有利な学部に進学しなさい」といったようなジェンダー・バイアスにもとづいた進路指導をすることにはっきりとあらわれている男女別の将来選択の制約のこと.

1. ジェンダーとは何か

　…今回の検定で合格した教科書からは，社会的性別を示すジェンダーと関連のある「ジェンダーフリー」という用語が消えた.「明確な定義がなく，誤解や混乱がみられる」というのが文部科学省の見解だ. ／申請時点では，2 社が現代社会の教科書に記述したが，検定意見がついて合格本ではすべてなくなった. ／ジェンダーフリーは「男は仕事，女は家庭」といった性別による役割分業の解消を目指し，教育界を中心に使われてきた. ／だが 90 年代後半から，「男らしさや女らしさをすべて否定している」といった批判が出て，男女平等行政を担当する内閣府も今年 1 月，使用自粛を自治体に要請した. ／ある教科書会社は「メディアで使われているし，新聞を読んだときに理解できないと生徒が困る」などと申し入れたが，認められなかったという. ／一方，家庭科でジェンダーという言葉も盛り込まなかった社は「社会全体で見解が分かれている. 定着するまでは静観する」としている…（『朝日新聞』2006 年 3 月 30 日朝刊）.

　男であることと女であることの間には，どのような違いがあるのだろうか？われわれの多くは，生まれるとすぐに「男」あるいは「女」として戸籍登録され，その後死に至るまでの長い年月を法的に「男」あるいは「女」として生きてゆく. 生まれたばかりの赤ちゃんに対して，男／女という判定が下される根拠になるのは，間違いなく性器（外性器）の形状であろう. つまり，そこで

は, ペニスがついていれば「男の子」, そうでなければ「女の子」という判定が, ヒヨコのオス／メスの判定と同様に, きわめてデジタル的になされているのである.「ペニスがついているから男の子, 膣やクリトリスがあるから女の子…」式の, 生物学的にみた男と女の「違い」のことを, 英語では**セックス** (sex) という.

このセックスに対して, 本章のテーマでもある**ジェンダー** (gender) とは, 男女の性差, すなわち男性であることと女性であることの「違い」のうち, 男女に関して文化的もしくは社会的につくられた取り決め, 少し難しく言い換えるなら, 文化的・社会的に構築された性差をあらわす概念であるといえる.

たとえば, 合コンに行った場合, 男性であれば女性よりも多額の参加費を幹事から請求されるだろうし, また, 他の男性メンバーが必死になって場を盛り上げようと苦闘しているなか, 一人だけ「我関せず」で無言のままいれば, その場にいる全員, とりわけ女性たちから嫌われてしまうことになるだろう. なぜならば, 男女交際の場においては,「(女性ではなく) 男性がお金を支払う」,「男性が女性をリードする」という暗黙の了解があるからである. この必ずしも生物学的な性差を根拠としない, 文化的あるいは社会的に決められた男と女の違いこそがジェンダーなのである.

ここで強調しておきたいのは, ジェンダーとは,「女はこうあるべきだ」,「男は○○でなければならない」といったような, 文化的・社会的に, あるいは歴史的につくられた男女のあり方に関する取り決めだという点である. それが「つくられた」ものであるとの強調には, おそらく二つの意味が込められている. 一つは, その取り決めが必ずしも生物学的な必然ではない, あるいは必ずしも「自然」なものではないということ. そして, もう一つが, そのような男女のあり方が社会的に構築されたものであり, 必ずしも生物学的な必然性を伴わない以上, それは再度違った形に変更することが可能であるという点である.

男性だから, あるいは女性だからという理由で, 周囲がその人に期待する態度や行動パターンを**性役割** (gender role) という. **性別役割分業**(＝男は仕事をして妻子を養う, 女は結婚したら家庭に入り家事育児に専念する…)」がその代表

格であるが，ジェンダーという視点が導入されることで，「女性が育児をする」ことが必ずしも生物学的必然ではなく，それはむしろ，男性による女性の政治的な支配という意図の下に構築されたものであることが暴露される．そして，そのような女性のあり方が見直され，それを変更しようとする運動が展開されるのである．

　ジェンダーという概念，視点は**第2波フェミニズム**（second wave feminism）の中で発見され，そして彫琢されていったものであるといえるだろう．19世紀中葉の西欧で，主として婦人参政権を求めることを通じて制度的な性差別を撤廃しようとした第1波フェミニズムとは異なり，1960年代にアメリカで始まり，全世界に広がっていった第2波フェミニズムは，家庭や日常生活における男女間の不平等，人々の意識に根深く浸透する性差別の告発と変革を目的としていた．

　第2次世界大戦後，欧米諸国や日本などでは法的な男女平等が達成されていたにもかかわらず，多くの女性が疎外感を感じずにいられないのはなぜなのか？　それは職場や学校といった公的な領域にとどまらず，日常生活や家庭といった私領域の隅々にいたるまで性差別が浸透しているからではないのか？　そのような問いかけからスタートした第2波フェミニズムは，女性たちが教育やメディアによって自身を「女らしさ」という檻に縛りつけていること，女性たちが家事育児という**無償労働**（unpaid work）を担わされることで男性への経済的従属を余儀なくされていること等を暴露していくが，その暴露を可能にするために必要だったのが，「女性は母親になれば自然に子どもを慈しむ」であるとか「女性は気配り上手」のような「女らしさ」が所詮社会的につくられたものにすぎないというジェンダーの視点であったことはいうまでもないだろう．

　しかし，最近では，ジェンダーという視点に対する一種の揺り戻し現象が新聞紙上を騒がすようになってきている．たとえば，2005年度教科書検定の傾向を報じた新聞では，「地歴公民・家庭」における傾向を本章冒頭の引用のように報じている．おおよそ2003年頃から，都道府県自治体や国会において，**ジェンダーフリー**（gender free）という言葉に対する批判が相次いだ．ジェン

ダーフリーとは，引用した記事にもあるように，性別役割分業のようなジェン
ダーにとらわれず，各々が個人として力を発揮することができるような男女
平等社会の実現を目指すための，ある種の標語であるといえる．しかし，いく
つかの自治体や国会では，ジェンダーの定義を「あいまい」であるとした上で，
ジェンダーフリーが「男らしさ女らしさをすべて否定している」，あるいはそ
れが「性差すべてをなくす」というような誤った理解を示している．また，男
女平等行政を担当している内閣府や東京都教育委員会などは，この言葉の使用
自粛を要請する通知を出してもいる．

　ジェンダー（あるいはジェンダーフリー）を単なる言葉ではなく，第2波フェ
ミニズムという文脈の中で発見された，上に述べたような概念，視点としてと
らえるならば，それは少しも「あいまい」なものではない．「あいまい」なの
は，むしろ，ジェンダーを単なる「用語」としてとらえ，安易にもそれを性差
の全否定と結びつけるジェンダーを批判する側の論拠である．性別による束縛
からの解放や，もっと大きな意味での平等への取り組みを萎縮させないために
も，今改めてジェンダーという概念について議論し，その意義を積極的に評価
していくことが必要であろう．

2. 再生産されるジェンダー

　ジェンダーとは，社会的に構築された男女差であったが，それはどこで構築
されるというのか．ジェンダーが学校教育の場で「再生産」されているという
議論がずっとある．それは，学校が男女の平等を推し進めるような教育を子
どもたちに対して行っているようにみえて，実は男女の性差を再生産してい
るというものである．学校教育における正規のカリキュラムとは別に，日常の
学校生活のさまざまな場面において，教師の何気ない言動や学校文化を通じ，
子どもたちに暗に伝えられるメッセージの体系を**隠れたカリキュラム**（hidden
curriculum）というが，この隠れたカリキュラムによって**ジェンダー**や男女の
不平等な性関係が再生産されているというのだ．

　たとえば，教師は授業中に男子生徒に厳しく接し，より多く発言の機会を与

えようとする一方で，女子生徒の発言には多くは期待せず，あまり目線や注意
も向けないことが指摘されている．一見単純に女子を甘やかしているようにも
みえるが，ここには，学校における過酷な競争において生き残る，あるいは職
場において自分の能力を発揮する等の課題から女性を排除する，という考え方
が隠されている．つまり，この「甘やかし」が実は「男は仕事，女は家事・育
児」という性別役割分業を再生産しているのだ．常に，男子が先に名前を呼ば
れることになる**男女別クラス名簿**や，「委員長は男子，副委員長は女子」「体育
委員は男子，保健委員は女子」といったように，行事やクラスの役割分担がス
テレオタイプな男女観に基づいてなされることなど，慣習化された学校文化が
隠れたカリキュラムとしてジェンダーの再生産に寄与しているのである．

　教員構成における男女の不均衡もまた，ジェンダーに関する隠れたカリキュ
ラムになりうる．幼稚園から大学へと学校の段階が上がるにつれて，いわば教
育のレベルが高度化するにつれて男性教員の比率が高くなり，女性教員のそ
れは低下する．各教科を専門の教員が教えるようになる中学校以降では，人文
系や芸術領域には女性教員が多く，社会科学や理科系には男性教員が多くなる．
また，校長や教頭といった学校管理職に就いているのはその大部分が男性であ
る．以前と比較すれば男女差がそれほど明確ではなくなってきてはいるが，そ
のような教員の性別役割分業は，子どもたちにジェンダーに関する社会化モデ
ル（男子は専門教育・理科系・管理職，女子は基礎教育・文化芸術系・事務職）を提
供することになるのだ．

　その社会化モデルは**ジェンダー・トラッキング**として，進路指導の場などで
よりハッキリとした輪郭をあらわす．ジェンダー・トラッキングとは，男女別
の将来選択の制約を指しており，たとえば，進路指導で教師に「女の子だから
短大，家政科にしておきなさい」「男の子だから将来妻子を養うことを考えて，
経済学部や就職に有利な学部に進学しなさい」と勧められることである．

　次の表7-1は，昭和59年から令和元年までの，大学・短期大学等への現役
進学率，大学への進学率，短期大学への進学率を男女別に示したものである．
かつて「浪人」も含めた大学進学率は，男性が女性よりも圧倒的に高く，逆に

表 7-1　男女別大学・短期大学進学率　　　　　　（単位：%）

	大学・短期大学等への現役進学率			大学(学部)・短期大学(本科)への進学率(過年度高卒者等を含む)			大学(学部)への進学率(過年度高卒者等を含む)			短期大学(本科)への進学率(過年度高卒者等を含む)		
	計	男	女	計	男	女	計	男	女	計	男	女
昭和59年	29.6	26.6	32.6	35.6	38.3	32.8	24.8	36.4	12.7	10.8	1.9	20.1
60	30.5	27.0	33.9	37.6	40.6	34.5	26.5	38.6	13.7	11.1	2.0	20.8
61	30.3	26.4	34.1	34.7	35.9	33.5	23.6	34.2	12.5	11.1	1.8	21.0
62	31.0	26.7	35.3	36.1	37.1	35.1	24.7	35.3	13.6	11.4	1.8	21.5
63	30.9	25.7	36.2	36.7	37.2	36.2	25.1	35.3	14.4	11.6	1.8	21.8
平成元	30.7	24.6	36.7	36.3	35.8	36.8	24.7	34.1	14.7	11.7	1.7	22.1
2	30.6	23.8	37.3	36.3	35.2	37.4	24.6	33.4	15.2	11.7	1.7	22.2
3	31.7	24.6	38.7	37.7	36.3	39.2	25.5	34.5	16.1	12.2	1.8	23.1
4	32.7	25.2	40.2	38.9	37.0	40.8	26.4	35.2	17.3	12.4	1.8	23.5
5	34.5	26.6	42.4	40.9	38.5	43.4	28.0	36.6	19.0	12.9	1.9	24.4
6	36.1	27.9	44.2	43.3	40.9	45.9	30.1	38.9	21.0	13.2	2.0	24.9
7	37.6	29.7	45.4	45.2	42.9	47.6	32.1	40.7	22.9	13.1	2.1	24.6
8	39.0	31.8	46.0	46.2	44.2	48.3	33.4	41.9	24.6	12.7	2.3	23.7
9	40.7	34.5	46.8	47.3	45.8	48.9	34.9	43.4	26.0	12.4	2.3	22.9
10	42.5	37.2	47.6	48.2	47.1	49.4	36.4	44.9	27.5	11.8	2.2	21.9
11	44.2	40.2	48.1	49.1	48.6	49.6	38.2	46.5	29.4	10.9	2.1	20.2
12	45.1	42.6	47.6	49.1	49.4	48.7	39.7	47.5	31.5	9.4	1.9	17.2
13	45.1	43.1	47.1	48.6	48.7	48.5	39.9	46.9	32.7	8.6	1.8	15.8
14	44.9	42.8	46.9	48.6	48.8	48.5	40.5	47.0	33.8	8.1	1.8	14.7
15	44.6	42.7	46.6	49.0	49.6	48.3	41.3	47.8	34.4	7.7	1.8	13.9
16	45.3	43.6	47.1	49.9	51.1	48.7	42.4	49.3	35.2	7.5	1.8	13.5
17	47.3	45.9	48.7	51.5	53.1	49.8	44.2	51.3	36.8	7.3	1.8	13.0
18	49.4	48.1	50.6	52.3	53.7	51.0	45.5	52.1	38.5	6.8	1.5	12.4
19	51.2	50.0	52.5	53.7	54.9	52.5	47.2	53.5	40.6	6.5	1.4	11.9
20	52.9	51.4	54.4	55.3	56.5	54.1	49.1	55.2	42.6	6.3	1.3	11.5
21	53.9	52.3	55.6	56.2	57.2	55.3	50.2	55.9	44.2	6.0	1.2	11.1
22	54.3	52.8	56.0	56.8	57.7	56.0	50.9	56.4	45.2	5.9	1.3	10.8
23	53.9	51.9	55.9	56.7	57.2	56.1	51.0	56.0	45.8	5.7	1.2	10.4
24	53.6	51.6	55.6	56.2	56.8	55.6	50.8	55.6	45.8	5.4	1.2	9.8
25	53.2	50.9	55.6	55.1	55.1	55.2	49.9	54.0	45.6	5.3	1.1	9.5
26	53.9	51.6	56.2	56.7	57.0	56.5	51.5	55.9	47.0	5.2	1.1	9.5
27	54.6	52.2	57.0	56.5	56.4	56.6	51.5	55.4	47.4	5.1	1.1	9.3
28	54.8	52.3	57.4	56.8	56.6	57.1	52.0	55.6	48.2	4.9	1.0	8.9
29	54.8	52.2	57.4	57.3	57.0	57.7	52.6	55.9	49.1	4.7	1.0	8.6
30	54.8	51.9	57.8	57.9	57.3	58.5	53.3	56.3	50.1	4.6	1.0	8.3
令和元	54.8	51.7	57.9	58.1	57.6	58.7	53.7	56.6	50.7	4.4	1.0	7.9

出所）文部科学省「学校基本調査（年次統計）」

短大進学率では女性が高くなっていた．ただし，最近では，大学進学率における男女差はなくなり（現役進学率は女性の方が高くなっている），女性の短大進学率は年々低下してきていることがわかる．

このことは，何を意味するのだろうか？　昭和や平成の初期あたりまでは，「男性は大学，女性は短大」というジェンダー・トラッキングが比較的はっきりと残っていたといえる．男性の現役進学率が女性よりも低かったのは，男性は浪人してでも大学に，しかも，できるだけ就職に有利な一流大学に進学しなければならないという意向のあらわれであったろうし，女性の現役進学率が一貫して高かったのは，女性は入学できる大学・短大に入学すればよい，浪人してまで良い大学に進学する必要はない，という親や教師の考えが根強かったことに起因していると思われる．しかし，平成10年前後から，女性の大学進学率が漸次上昇する一方で，短大進学率は減少に転じ，年々低下傾向を示している．「男性は大学，女性は短大」という制約が以前と比較して弱まってきたということだろう．しかし，それでも男女の大学進学率の差は，平成24年においてまだ約10ポイント，令和元年で6ポイント近くある．

3. 女性美とダイエット

　ジェンダーという概念は，女性が管理職になれなかったり，あるいは男女間で給与に差があったりするなどの制度的な性差別の認識とその改善に有効なだけでなく，われわれにとってもう少し身近な日常生活における男女の差異と，そのような差異が時に生み出す問題点をわれわれの目の前に鮮明に示してくれるという点においても，きわめて重要な視点であるといえる．

　たとえば，女性のダイエット…．20歳前後の女性に「現在，あなたの一番の関心事は何ですか？」という質問をすると，その多くが「ダイエット！」と回答するだろう．実際のところ，若い女性に限らず，すべての女性にとってダイエットは単なる関心事であるにとどまらない．多くの女性が少しでも体重を減らすため，少しでもスリムになるために日々涙ぐましい努力を続けているのである．女性向けの雑誌には，痩せるための食品や器具，エステ等のダイエット関連商品・サービスの広告が氾濫している．

　なぜ女性は，ダイエットに，スリムになることにこれほど執心するのか？　答えは一つ．それは少しでも「美しくなるため」に違いない．すなわち

「美容」のためのダイエットである．これに対して男性は，そもそも女性ほどダイエット志向が強くもないし，「健康」のためにダイエットをするというケースは間々あるにしても，「美容」のためにダイエットをしているという話はほとんど聞かない．女性は美しくなるために必死でダイエットしようとするのに対して，男性にはそのような傾向があまりみられない．この差がもつ意味は何であろうか？

　それはおそらく，男性は自分の外見に無関心でいることが社会的に許されているのに対して，女性は「女性である」というたった一つの理由によって，外見的に「美しくある」ことが義務として社会に要請されているからだろう．男性の存在を評価する際にも，外見＝容姿は重要なポイントの一つには違いないのであるが，それは必ずしも男性の全体的な評価を決定づけるものではない．時に（多くの場合は加齢によって），男性を評価する際のポイントは，外見よりも学歴や職業や職務上の地位といった属性，あるいは「やさしい」「器が大きい」といったような性格的な特徴に比重が置かれるようになる．ところが，女性はそのような点からその人の個性を評価されることがあまりない．女性の価値はあくまで外見の美醜で決まってくる．男性の場合，この人は見た目が悪くても一流商社に勤めていて収入がよい，見た目は悪いが甲子園で優勝して将来はプロ野球選手だ，見た目は悪いが強いリーダーシップがある，といったような逃げ道がいくつか用意されているが，女性には「この人は見た目が悪いが…」という逃げ道がない（浅野，1996）．

　一つ注意しておかなければならないのは，美しくなって男性からちやほやされたいという浅薄な理由が多くの女性たちをダイエットに駆り立てているのではないということである．女性は生まれた瞬間からもっぱら外見＝容姿によって評価され続けながら成長するため，「女の自己意識と外見とは引きはがすことのできない表裏一体のもの」と荻野美穂は指摘する．女性にとって外見とは，それだけで自分という存在全体を意味しており，それゆえに女性にとって外見を自分の理想の形に変えることは，理想の自己，理想の人生を手に入れることに等しいのだと（荻野，1996）．

　女性のアイデンティティと「外見」は一体化していて，女性にとって外見を変えることは人生を変えることに等しいとの荻野の指摘をもっともよく表しているのが，ダイエット食品マイクロダイエットの広告である．マイクロダイエットの広告では，ダイエットに成功した商品購入者が自らのダイエット体験を語っている．その体験談で強調されているのは，外見上「キレイになった」こととあわせて，「気持ちが前向きになった，軽くなった」そして「人生が変わった」という点である．

　着られる服は通販でしかない4Lから5L，好きな人ができても，遠くから見ているだけで精一杯．太っているということだけで，知らない人から笑われたり，からかわれたり…（テレビでマイクロのことを知って）生まれて初めて真剣にダイエットを決意．なんと4カ月後には20kgやせて…鏡にうつる私の顔，二の腕，お腹，太ももがどんどん細くなっていきました！！…内面的にも自信がついたせいか，心から笑える自分に変わることができました．つくろっていた自分にさよなら．本当の私，デビューっていう感じ（笑）！そんな私に「ひとめぼれした！」なんて言ってくれる彼もいて…猛アタックされ実は，結婚することになったんです！人生って少しの勇気と行動で変われるんですね…（サニーヘルス株式会社「マイクロダイエット」新聞広告）

　マイクロダイエットの購入者（そしてダイエット成功者）の多くは，女性である．その成功者の体験談の中で，彼女たちの大部分が，ダイエットに成功してスリムになる→自分の内面に良い変化が訪れる→人生が好転するという一連の過程としてダイエット経験をとらえていることがわかる．これに対して，男性のダイエット経験者にとって，ダイエットに成功してスリムになるということには，「心身ともに健康になった」以上の意味が含まれることはあまりない．
　なぜ，女性は美容のためにダイエットをするのか？　それは美しくあることが義務として社会から課せられているのと同時に，だからこそ，女性にとって美しいこと＝スリムなことは，自身のアイデンティティを，自身の素晴らしい

人生を確保することができる最も手っ取り早い手段だからである．しかし，逆にいえば，そのことは，男性が通常アイデンティティを確保するためにとる手段，より良き人生を確保するための手段，たとえば職場で出世する，あるいは仕事で成功するというような途が，女性には必ずしも開かれていないということを意味している．

　女性がダイエットの果てに美しい身体と幸福な人生をつかむという展開は，薔薇色のストーリーであるかのようにみえる．しかし，女性だけが（とりわけ若い女性だけが）美容のためにダイエットを志向することは，摂食障害のような女性に特有の「病」を誘発するきっかけとしてとらえることが可能であるし，また，美しさが女性だけに義務化されていることは，**性の商品化**（commoditication of sex）という観点からも否定されるべきことであろう．

◆◆もうちょっと詳しくみてみよう！◆◆
◆ LGBT とダイバーシティ

　ジェンダーとは「男らしさ」「女らしさ」といった「性」に関する問題を明らかにする概念であったが，「性」に関する現象を考察していくためのもう一つの重要な概念がセクシュアリティ（sexuality）である．セクシュアリティとは，性欲や性行為にかかわる現象や行動，その指向性を広く意味する言葉であるが，セクシュアリティもジェンダーと同様に，社会的あるいは文化的に構築されたものであるという認識が強くなってきている．

　セクシュアリティが「構築的な」ものであるとはどのようなことであろうか？　セクシュアリティにおいて最も頻繁に議論されるのは，性的指向の問題であろう．性的指向とは，その人の性的欲求がどこに向かうのかを意味する言葉であるが，私たちの社会においては「男性であれば」「女性を」，逆に「女性であれば」「男性」を性愛の対象とすること，すなわち異性愛こそが「本能的」であり，〈自然〉で〈正常〉なこととされてきた．逆に言えば，異性愛にあてはまらないもの，同性を性愛の対象とする，あるいは性愛の対象として含める同性愛や両性愛は〈異常〉であるという位置づけがなされてきた．しかし，M.

フーコーや J. バトラーなどのセクシュアリティをめぐる議論によって，異性愛こそがノーマルだという考えが近代社会において構築されたものであるという認識がされるようになった．すなわち，男性であれば女性を好きになり，女性であれば男性を愛するはず…というのは決して自然なことでなく，〈政治的〉なことであるというのだ．

　LGBT というキーワードがメディアを賑わすようになったのは，2015 年頃からであったろうか．この LGBT というキーワードの最初の 3 つ，すなわちレズビアン (Lesbian)，ゲイ (Gay)，バイセクシュアル (Bisexual) は非異性愛的な性的指向を指すものである．最後の T，身体的な性と心の性が一致しない状態，言い換えれば身体的な性別と性自認が一致しない状態におかれている状態をあらわすトランスジェンダー (Transgender) を加えて，セクシュアルマイノリティを総称するとされるこの言葉がメディアに大きく取り上げられるきっかけの一つとなったのが，2015 年 3 月の渋谷区による同性パートナーシップ条例の可決と，同年 5 月の DDL（電通ダイバーシティ・ラボ）による全国 6 万 9,989 人を対象にした調査結果の公表であろう．

　2015 年 3 月に渋谷区では，「渋谷区男女平等及び多様性を尊重する社会を推進する条例（同性パートナーシップ条例）」を可決し，パートナーシップ証明書の発行をし始めた．渋谷区では，「法律上の婚姻とは異なるものとして，男女の婚姻関係と異ならない程度の実質を備えた，戸籍上の性別が同じ二者間の社会生活における関係を「パートナーシップ」と定義し」，渋谷区に居住しかつ住民登録があること，20 歳以上であること，配偶者がいないこと及び相手方の当事者以外のパートナーがいないことなどの一定の条件を満たした場合にパートナーシップ証明書を発行し，「二者」がパートナーの関係であることを区が証明するものである．渋谷区の同性パートナーシップ条例の可決，パートナーシップ証明書の発行は，「自分で選ぶことのできない性的指向や性自認等のために，社会的に様々な困難に直面している」性的マイノリティの存在を認め，その人権尊重と多様性への理解を社会（区民）全体で共有するという意志を行政として初めて示したという意味でとても大きな一歩であった．この動き

がLGBTというキーワードのクローズアップに一役買ったことは間違いない.

渋谷区が同性パートナーシップ条例を可決してから2か月後の同年5月,DDLが公表した調査結果もまたLGBTというキーワードが注目され,社会の共感を得るのに大きな役割を果たした.DDLが2015年4月に実施した調査では,日本でLGBTに該当する人は7.6%を占めているという.7.6%というと,全人口の13人に1人がLGBTであるということになり,それは左利きの人や血液型がAB型の人とさほど変わらない割合であるという(電通報).また,同調査によれば,LGBT層で自分のセクシュアリティを誰にもカミングアウトしたことがない人が56.8%と半数を超えていて,この結果,LGBTが身のまわりに「いない」のではなく,「見えない」だけであるという事実をわれわれに突きつけた.

この一連の流れに敏感に反応したのは企業である.DDLはLGBTに企業が向き合う際の2つの「接点」を指摘している.一つは,LGBTが企業にとって商品を購入しあるいはサービスを利用するユーザーであるという接点であり,もう一つは,LGBTが企業に勤めている人であるという接点である.前者については,DDLのいう「レインボー消費」という視点から考えると,LGBTの存在が企業にとっていかに重要なものとなってくるのかが理解できる.DDLでは,①LGBT当事者の消費,②LGBTを応援する消費,③LGBTが社会に受容されることによる新しい人間関係消費の①〜③と合せてレインボー消費とし,①だけで5.9兆円の市場規模があると試算している(電通報).日本でLGBTに該当する人は7.6%を占めているというのがリアルな数字であるならば,その試算された市場規模の大きさも当然であると言え,それは企業にとっては見逃すことのできない巨大な市場であるといえよう.実際に,現在では保険会社や携帯電話のキャリアがLGBTに向けた商品サービスを売り出し始めている.

また,企業で働く人という意味でもLGBTの存在は無視することができない.企業はLGBTが働きやすいような職場環境を整えることが急務とされている.日本でLGBTに該当する人が13人に1人であり,その過半数が誰にも

カミングアウトしたことのない人であるというのが間違いでなければ，わたし
たちの働く会社にも多くの LGBT がいて，その大半が職場の同僚にそのこと
を隠しながら働いているということになる．ジャパンタイムスの記事によれば，
LGBT が自身の性的指向を隠しながら同僚とコミュニケーションをとることは
とても難しいし，心理的な負担を当事者に強いてくる．そのために LGBT の
当事者は同じ職場に長くとどまることができず離職してしまうことになり，会
社としては貴重な人材を失うという二重の意味での損失がしばしばみられると
いう（The Japan Times 11/19/2015）．そこで，DDL は，「異性間婚姻者に与え
られているものと同等の権利や保証を受けられる制度」ができていたり，「「彼
氏いるの？　彼女いるの？」ではなく「恋人・パートナーはいるの？」という
言葉の使い方をみんなが当たり前のようにできるほどの知識が浸透しているな
どの環境」が整備されていたりと，LGBT がカミングアウトしなくてもストレ
スを抱えることがなく，結果としてすべての人材が最大限にその能力を発揮す
ることのできる環境整備を企業に提言している（電通報）．

　LGBT は性的マイノリティをいいあらわす言葉であるにとどまらない．そ
の象徴とされる 6 色の虹色（レインボー）の旗があらわすように，性とは虹の
グラデーションであり，さまざまなカタチとして存在することを示す，その
きっかけとなる概念として LGBT はあるといえる．近年の「LGBT ではなく，
LGBTQ，もしくは LGBTQIA だ」という言い方に典型的に見られるように，
LGBT を超えるさまざまな性のあり方が議論されるようになってきている．Q
は性別がわからない人や決まっていない人を指す Questioning もしくはセク
シュアルマイノリティの総称を意味する Queer をあらわすものとされる．I は
生まれつき男性女性両方の身体的特徴をもつ人である inter-sex，A は誰に対
しても恋愛感情や性的欲求を抱かない人である Asexual を指しているとされる．

　以上のように，LGBT は既に乗り越えられつつある概念であるが，この概念
が社会に性の多様性，ひいては社会のダイバーシティ（多様性）を強調しえた
という意義はとても大きい．国籍やエスニシティの違い，障害の有無などと並
んで，ジェンダーにおける多様性を社会に示しえたという点で LGBT が果た

した役割はとても大きいといえる．ただ，性的指向の問題は結婚や家族制度の問題，家族がどうあるべきかという問題と直結しているため，日本社会のすべてが，とりわけ政府が，LGBT の指し示している性の多様性に対して寛容であるとは言い難いのが現状である．私たちは LGBT という概念が指示している性の多様性に対する理解を深めつつ，それとは反対の動きに対して注視し警戒を怠らないようにしなければならない．

◆◆さあ，考えてみよう！◆◆

Q1. 「ジェンダーフリー」という発想を肯定しますか．それとも否定しますか．肯定か否定かを判断した上で，その理由も述べてください．

Q2. 「LGBT がカミングアウトしなくてもストレスを抱えることがなく，結果としてすべての人材が最大限にその能力を発揮することのできる環境整備」を誰がどのように推し進めるのがよいのか，自身の意見を述べてください．

第8章　逸脱という問題
―ラベリングと少年法―

◆◆キーワード◆◆

逸脱 (deviancy; deviance)　法や慣習など，その社会において何が望ましい行為なのかを示している規範と一致する行動である「同調」とは異なり，規範に一致しない行動のことである．つまり，社会で正常または当然とされるような行為や状態とは違った，犯罪や非行，薬物依存などの行動を逸脱という．健康であることや五体満足であることが当然とされる社会では，病気や障害も逸脱として扱われるし，ヘテロセクシュアル（異性愛）を正常とする社会ではホモセクシュアル（同性愛）も逸脱とみなされる．価値の多元化した現代社会では，同調と逸脱の境界は定かではない．

分化的接触理論 (differential association)　人間は環境によって誰でも犯罪者になりうるとする逸脱についての社会的・文化的決定論の一つ．E. H. サザーランドによって提唱された．分化的接触とは，犯罪行動を他者から学習するものであるととらえ，犯罪者と接触する機会と通常者から隔絶される機会の大小によって人は犯罪者になるという理論である．

ラベリング理論 (labeling theory)　逸脱を，ある行動に固有の属性としてとらえるのではなく，逸脱する者（行為者）と彼に関与する者（他者）との関係という文脈からとらえようとする立場である．E. レマートやH. S. ベッカーらによる．徳岡秀雄によれば「ラベリング理論」は二つの命題に集約できる．一つは，「人が逸脱者というレッテルを貼られるのは，その逸脱行為の故にというよりも，社会的マジョリティによって定められた同調・逸脱に関するルールが恣意的に

適用されたためである．したがってこのラベルは社会的弱者（マイノリティ）に適用されやすい」という命題であり，もう一つが「人は他者によって逸脱者というレッテルを貼られ，他者から逸脱者として処遇されることによって，逸脱的アイデンティティを形成し逸脱的ライフスタイルを獲得する」という命題である．

セレクティブ・サンクション　同じ行動に対して，ある時は他者によって「逸脱」というラベルが貼られるが，別の時にはそのような反応がまったく生じない「恣意的ラベリング」のこと．この考えにしたがえば，同調と逸脱の間に「隠れた逸脱」や「誤って告発された行動」が相当数あることが予想される．ラベリング理論によれば，逸脱者というラベルを貼られやすいのはマイノリティ，つまり社会的弱者であるという．

一般予防／特別予防　刑法は抑止法とよばれるが，それは刑法が，犯罪者に刑罰を与えることによって犯罪の発生を抑止するという意義をもつからである．刑法は犯罪の発生を二つの意味で抑止しているといわれている．一つは罪を犯した人間に対して刑罰を与え，犯罪が割に合わないということを社会全体にみせつけることで，他の人が罪を犯すことを抑止する「一般予防」という意義．もう一つが，刑罰を与えることで，罪を犯した当人を更生させ，再度罪を犯すことを抑止する「特別予防」という意義である．

少年法　旧少年法（1922年）を全面改正して1948年に成立した．「この法律は，少年の健全な育成を期し，非行のある少年に対して性格の矯正及び環境の調整に関する保護処分を行う」という第1条からも明らかなように，「罪を犯した少年（犯罪少年）」及び「14歳に満たないで刑罰法令に触れる行為をした少年（触法少年）」に対して逸脱者（「犯罪者」「非行少年」）というレッテルを貼ることを回避するための法律であるといえる．少年法によれば，犯罪少年及び触法少年は原則として家庭裁判所に送致され，裁判ではなく，審判を受けることになる

（ただし，家裁が刑事処分相当とした犯罪少年は検察に逆送され，起訴される）．少年法でいう「少年」とは，性別を問わず20歳に満たない者のことである．

1. 逸脱とラベリング

(1) 逸脱とは何か

　逸脱（deviancy; deviance）とは，法や慣習などその社会において何が望ましい行為なのかを示している規範（norm）と一致しない行動のことである．つまり，社会で正常または当然とされるような行為や状態とは違った，犯罪や非行，薬物依存などの行動を逸脱という．健康であることや五体満足であることが当然とされる社会では，病気や障害も逸脱として扱われるし，ヘテロセクシュアル（異性愛）を正常とする社会ではホモセクシュアル（同性愛）も逸脱とみなされるが，ここでは逸脱を代表する行動である犯罪・非行について考えていきたいと思う．

　そもそもヒトはなぜ，罰金を払う，監獄に入れられる，あるいは死刑になるというようなリスクを冒してまで犯罪行動に走るのだろうか．逸脱についての研究はそのような素朴な問いに端を発している．逸脱行動の実証科学的研究の出発点となったのは，19世紀イタリアの法医学者ロンブローゾ（Lombroso, C.）である．ロンブローゾは，生物学的・人類学的観点から，犯罪者を生まれつき犯罪への衝動をもっている人間の変種として考える**生来性犯罪人説**を唱えた．しかし，20世紀に入ると，逸脱に関する社会学的な理論仮説が多様に展開されるようになり，生物学的決定論は否定され，人間は環境によって誰でも犯罪者になりうるという社会的・文化的決定論が大勢を占めるにいたった．

　たとえば，シカゴ学派のスラッシャー（Thrasher, F. M.）やショウ（Shaw, C. R.）によって主張された**統制理論**は，非行の原因が社会統制の弱化にあるとしている．社会統制（social control）とは，奨励や表彰という形で規範への同調を促したり，禁止や懲罰という形で逸脱を阻止したりすることであるが，この働きが弱体化すると逸脱が多発し，逆にこれを強化すれば秩序は維持できるというのだ．簡単な例をあげれば，校則に従う模範的な生徒に対しては，良いアルバイ

トの斡旋や大学への推薦といった便宜を図り，逆に校則を破った生徒に対して
は，停学や退学といった厳罰をもって対処するということである．これを学校
側が徹底して行なえば，生徒の非行は減り，逆に学校側が生徒の校則遵守に対
して恣意的な態度で臨むのなら，生徒の非行は増加するというのが統制理論で
あるといえよう．

　また，逸脱についての社会的・文化的決定論の一つにサザーランド（Sutherland,
E. H.）が唱えた**分化的接触理論**（differential association）がある．分化的接触と
は，犯罪行動を他者から学習するものであるととらえ，犯罪者と接触する機会
と通常者から隔絶される機会の大小によって人は犯罪者になるという理論であ
る．この理論に従えば，ある少年が非行に走ったのは，彼が非行少年グループ
と行動をともにし，マジメな友達とのつき合いをやめることで，非行文化に染
まっていったからだと説明されることになる．

　しかし，統制理論も分化的接触理論も，逸脱現象を逸脱する側の問題として
のみとらえており，それを取り締まる側，ある種の行為を逸脱として認定する
側の問題についてはまったく関心を払っていないという指摘がなされている．
ラベリング理論の代表的な論者であるベッカー（Becker, H. S.）は，先行する逸
脱の科学的研究について，次のような批判的見解を示している．

　科学的研究は常識的前提，つまり社会的規則の違反行為（もしくはそれと目さ
れた行為）にはなんらかの固有な逸脱性（質的な特殊性）が存在するのだという
常識的な臆断を，容認してきたのである．「逸脱」のレッテルを特定の行為や
人間に適用する際，研究者は通常そのレッテルを疑問視せず，むしろ所与のも
のと見做している．そうすることで，研究者は，判定を行なう当の集団の諸価
値を容認しているのである（ハワード・S. ベッカー『アウトサイダーズ―ラベリン
グ理論とはなにか』（村上直之訳）新泉社，1978 年，10 頁）．

　逸脱とは，定義によれば，その社会の規範・規則と一致しない行動である．
社会において諸々の規則をつくるのは権力をもつマジョリティ（多数者，「勝ち

犬 (over-dog)」, 白人, 中産階級, 男性…) であるから, 彼等の価値観がその規則の内容に否応なく反映される. ところが, マイノリティ (少数者, 社会的弱者, 有色人種, 下層階級, 女性…) の文化や価値観は, マジョリティのそれと一致するとは限らず, むしろ矛盾撞着するケースが数多くみられる. このことは, マイノリティの行動がマジョリティの定めた規則から外れやすく, それだけ逸脱行動として扱われやすいということを意味する. それまでの逸脱に関する科学的研究は, その点を見逃し, もっぱらマジョリティの観点から, その逸脱行動をあたかも特殊な行動であるかのように扱い, マジョリティがマイノリティの行動に「逸脱」というラベルを貼ることを通じて, 逸脱が生み出されるという事実を無視しているのだと, ベッカーは主張するのである (Becker, 1978).

(2) ラベリング理論

1960 年代に展開された, ベッカーやキツセ, エリクソン, ゴフマン, シュア等の主張は**ラベリング理論** (labeling theory) として総括されている. 徳岡秀雄は, ラベリング理論の命題を次の二点に要約している (徳岡, 1987：35).

①人が「逸脱者」というラベルを貼られるのは, その人の犯した逸脱行動のゆえにというより, 社会的マジョリティによって定められた同調, 逸脱に関するルールが恣意的に適用されたためである. したがって, このラベルは, とりわけ社会的弱者に対して適用されやすい.

②人は, 他者によって逸脱者というラベルを貼られ, 他者から逸脱者として処遇されることで逸脱的アイデンティティと逸脱的ライフスタイルを確立する.

徳岡にならって①を「セレクティブ・サンクション (selective sanction)」の命題, ②を「逸脱的アイデンティティ形成」の命題とよぶことにする.

まず,「セレクティブ・サンクション」の命題から確認していこう. ベッカーによれば, 逸脱は他者の反応の結果として生じるが, ある特定の行動に逸脱と

いうラベルが貼られるかどうかはきわめて恣意的であるという．飲酒運転をしても，それが誰かにみつからなければ法的な意味での犯罪にはなりえないし，また，ある生徒がテストの時間にカンニングをして，周囲もうすうすそのことに気づいていたとしても，それを告発する者が一人も現れなければ，その行動が「カンニング」として処罰されることはない．逆に，ある生徒がテスト中に怪しい素振りをみせたために，実際は不正行為をしていないのに，教師によってカンニングの犯人にされてしまうということもある．それが教師たちから「不良」とよばれている生徒であればなおさら…．

このように，他者によって「逸脱」というラベルを貼られた行動だけが「逸脱」として実際にわれわれの目の前に浮上してくるのである．その中には「誤って告発された行動」（いわゆる冤罪）も含まれているだろう．また，そうして「逸脱」というラベルを貼られた行動が存在する反面，れっきとした逸脱行動であるにもかかわらず，見つからなかったり見逃されたりした「隠れた逸脱」が相当数存在していると考えられる．

同じ行動に対して，ある時は他者によって「逸脱」というラベルが貼られるが，別の時にはそのような反応がまったく生じないことを**セレクティブ・サンクション**という．そして，逸脱者というラベルをより貼られやすいのはマイノリティ，つまり社会的弱者なのである．

ベッカーはその主著『アウトサイダーズ』の中で，「中産階級地区の少年が逮捕されても，スラム地区の少年のように訴訟手続きを受けることはない．また，中産階級の少年が警察官に捕まっても警察署まで連行されることさえほとんどないし，警察署に連行されても報告書に記載されることはめったにない．このような差異は，両者の事件が同一の規則違反の場合でさえも生ずる．(p.22)」と指摘している．また，ベッカーによれば，20世紀初頭の合衆国におけるマリファナ喫煙は，メキシコからの移民にわずかにみられる習慣に過ぎなかったという．しかし，これに目をつけた財務省麻薬取締局はマリファナを「麻薬」にするためのキャンペーンを展開し，マリファナの使用を禁止するマリファナ税法を施行させた．これによって移民というマイノリティたちは，「マ

リファナ使用者」という新たな逸脱者に仕立てあげられたのだ（Becker, 前掲書）.

　次に,「逸脱的アイデンティティ形成」の命題について考えてみたい.

　生来性犯罪人説にせよ分化的接触理論にせよ, 従来の逸脱に関する科学的な研究では, 逸脱者をあたかも生来の, もしくは自ら進んで逸脱文化を習得した特殊な人間であるかのように扱ってきたとベッカーは憤慨する. そうではなく, 逸脱者が他者から「逸脱者」というラベルを貼られたことによって, そのラベルにふさわしい,「自分は逸脱者である」というアイデンティティを形成する可能性もあるのではないだろうか.

　たとえば, 1938 年に『ナリン殿下への回想』で第七回直木賞を受賞した橘外男という作家がいる. 橘は, 純愛小説, 私小説, 怪奇幻想小説, 怪談と多方面のジャンルに筆を揮ったが, その晩年, 自伝的な小説『私は前科者である』を発表している.『私は前科者である』は, 一度罪を犯した者に対して社会が捺す「前科者」という消えない烙印をめぐる凄絶な闘いの記録である.

　橘は陸軍軍人を父として生まれるが, 兄弟たちが軍人としてのエリートコースを歩む一方, 少年時代より不良行為が多く, ついには両親から勘当され, 札幌で工場長の職に就く従兄の許に追いやられる. 20 歳の時, 公金費消の罪で 1 年 6 ヶ月の実刑を受ける. 出所後, 職に就くために経歴詐称をし, 外国商館に勤め始めるが, 保護司が訪ねてきたことから前科のあることが周囲にばれてしまい, 職場を解雇されてしまう. 以後, 履歴詐称を重ね, 保証人を必要としない職業を渡り歩くことで橘の「悪」は深化していき, ついには「私は前科者である」というアイデンティティを獲得するにいたるのである.

　一度刑務所に入れられ,「前科者」という烙印を捺されたことによって, 橘には「前科者」として生きる道をとるより選択肢がなくなってしまう. 生きていくためには, 働いて生活の糧を得なければならないが,「前科者」を雇ってくれる所などどこにもない. やむなく履歴を偽って働き始めるが, 保護司によって前科があることが暴露されると, 経歴詐称という罪がまた一つ加わる. そして, まっとうな経歴や保証人を必要としない仕事を転々とするうちに, 非

合法的な仕事に手を出し，罪を一つまた一つと重ねてしまう…というように，一度「逸脱者」というラベルが貼られてしまえば，「空恐ろしいほどどこ迄も絡み付いて廻る悪の鉄鎖」から逃れる術はほとんどないのである．橘は次のようにいう．

　誰れでも楽しくて罪を犯す人間なぞはただの一人もない．そして罪を犯しても刑務所の門を出る時は，再び罪は犯すまいと改心して出るのである．それが改心を守り切れずに再び罪の底に沈湎するということは，社会があまりにも冷たくて，前科者の生きる道を悉く阻んでしまうからではないか！（橘外男『私は前科者である』新潮社，1955 年，171 頁）．

　「逸脱的アイデンティティ形成」の命題は，社会がある人間に「逸脱者」というラベルを貼ることで，その人の逸脱が深化してしまうことを主張する．そして，この命題のゆえに，ラベリング理論は，非行のある少年を逸脱者として処遇しないという意義をもつ少年法の理論的な根拠となっているのだ．

(3) 犯罪者として処遇することの意義

　ギデンズ (Giddens, A.) は，監獄と懲罰について次のように述べている．

　囚人は，たんに自由を奪われるだけでなく，本来の収入や，家族や以前の友人との交わり，異性関係，衣服等の私物をも奪われる．囚人たちは，いつも過密状態の中で生活し，厳格な規律と日常生活の画一的管理を受け入れなければならないのである．／こうした状態での生活は，在監者の行動を外部社会の規範に適応させるのではなく，むしろ在監者と外部社会の間を引き裂いてしまいがちである．囚人たちが甘受しなければならない環境は，「娑婆の世界」とまったく異なり，監獄で身につける習慣や態度は，習得すべきとされる習慣や態度とは多くの場合正反対のものなのである．たとえば，囚人は，一般市民への恨みを募らせたり，暴力を正常と受けとめるようになったり，古つわものの犯罪

者と知り合い，釈放後も接触し続けたり，以前にはほとんど知らなかった犯罪技術を習得したりする．…監獄が囚人の更生に成果を上げているとは思えないが，とはいえ監獄の存在で，人びとは犯罪の実行を思いとどまるのかもしれない．実際に投獄された人はためらわなかったにしても，投獄されたことのない人は，獄中生活の不快さを考えて犯罪をおそらく思いとどまるのである．この点に，監獄改革論者にとってほとんど手に負えない問題が存在する．監獄を徹底的に不快な居場所にしてしまえば，罪を犯しかねない人もおそらく容易に犯罪を思いとどまるであろう．しかし，それでは，更生という監獄の目的は達成がきわめて困難になる．監獄の生活条件が苛酷でなくなれば，それだけ投獄は抑止効果を失うのである（アンソニー・ギデンズ『社会学』而立書房，1989 年，145-146 頁）．

　　われわれの社会は，なぜ逸脱者を逸脱者として処遇するのであろうか．わかりやすくいえば，警察や検察・裁判所は，なぜ投獄や，極端な場合には死刑という懲罰で罪を犯した者に臨むのであろうか．

　　犯罪者への刑罰を規定している法律は刑法である．刑法は抑止法ともよばれるが，それは刑法が，犯罪者に刑罰を与えることによって犯罪の発生を抑止するという意義をもつからである．刑法は犯罪の発生を二つの意味で抑止しているといわれている．一つは罪を犯した人間に対して刑罰を与え，犯罪が割に合わないということを社会全体にみせつけることで，他の人が罪を犯すことを抑止する**一般予防**という意義．もう一つが，刑罰を与えることで，罪を犯した当人を更生させ（また，少なくとも刑務所に入っている間，あるいは死刑になってしまった場合には，当人が罪を犯すことは不可能という意味で），再度罪を犯すことを抑止する**特別予防**という意義である．

　　しかし，この「特別予防」という意義が虚妄であることは，刑務所を出所した者の高い累犯率（『平成 30 年版犯罪白書』によれば平成 25 年の出所受刑者のうち，5 年以内再入率は 38.2％と約 4 割の者が 5 年以内に再入所しているという）をみれば，誰にでも理解できることだろう．犯罪者を「犯罪者」として処遇するこ

とは，当人を更生させるという意味において，犯罪抑止の機能を少しも果たしてはいないのである．

ギデンズが指摘しているように，刑務所は犯罪のための諸技術が伝達される場であり，暴力という名の逸脱が横行する場でもある．また，そこは新たに犯罪者のネットワークが形成され，新たな犯罪の種が蒔かれる場でもあるのだ．刑務所に収容されることで，ある犯罪者は逸脱文化のさらに深い層に堕ちてゆく．

刑務所から出所した後に犯罪者がたどる運命についても，ラベリング理論の「逸脱的アイデンティティ形成」の命題が示すとおりである．犯罪者は多くの場合，改善・更生・社会復帰という名目で刑務所・監獄，その他の矯正施設に収容されるが，それは犯罪者に対して「逸脱者」という終生外すことのできないレッテルが貼られることを意味する．ラベリング理論に従えば，一度「逸脱者」というレッテルを貼られ，他者から逸脱者として処遇され続けると，当初は自分が悪いことをしているという意識をほとんどもっていなかった人でも次第に逸脱をエスカレートさせていき，自らを真の逸脱者であると確信するようになるのである．

逸脱者を逸脱者として処遇しなければ，逸脱の初心者が逸脱文化に染まってしまうことや，ラベリングによる逸脱の深化を回避することがあるいはできるかもしれない．しかし，ギデンズが指摘するように，それでは，罪を犯した人間に対して刑罰を与え，犯罪が割に合わないということを社会全体にみせつけることで他の人が罪を犯すことを抑止する「一般予防」の効果が期待できなくなってしまう．結局のところ，「特別予防」と「一般予防」という刑法に期待されている二つの抑止効果は，二律背反の関係にあるのだ．

(4) 非行と少年法

日本には，**少年法**という法律がある．少年法はその第1条で，「この法律は，少年の健全な育成を期し，非行のある少年に対して性格の矯正及び環境の調整に関する保護処分を行う」と謳っていることからも明らかなように，「少年 (20

歳に満たない者）」に対して逸脱者（「犯罪者」，「非行少年」）というレッテルを貼ることを回避するための法律であるといえる．少年法によれば，「罪を犯した少年（犯罪少年）」及び「14 歳に満たないで刑罰法令に触れる行為をした少年（触法少年）」は，原則として家庭裁判所に送致され，裁判ではなく，審判を受けることになる（ただし，家裁が刑事処分相当とした犯罪少年は検察に逆送され，起訴される）．審判の焦点は，少年の非行事実を明らかにすることではなく，今後の少年にとって何が最善の利益かを考えるという点にあるといえる（日本の少年法はアメリカの少年裁判所制度をモデルにしており，アメリカの少年裁判所制度の思想的背景には，パレンス・パトリエ＝国親思想があるとされている．国親思想とは，非行を犯した少年というのは，家庭や社会が保護を怠ったか失敗した少年であるから，国が保護者に代わってその少年に保護の手を差し延べなければならないという考え方である）．

　しかし，2000 年 11 月に少年法は大幅に改正された．それまで少年法上の刑事処分年齢は 16 歳以上であったが，これを 14 歳以上に引き下げたり，故意の犯行で被害者を死亡させた 16 歳以上は原則逆送（検察送致）としたり，また 2 年以上の禁固にあたる事件の少年審判には原則として検察官を関与させるなど，厳罰化をねらった改正が実施された．2000 年の大改正以降も，少年法は厳罰化の方向で改正を重ね，漸次刑法化してきているといえる．

　そもそも，少年法が見直される大きなきっかけとなったのは，1997 年 5 月の神戸市須磨区児童殺害事件である．校門に切断された児童の頭部を置き，「酒鬼薔薇聖斗」と名乗って新聞社に犯行声明文を送りつけた事件の犯人が 14 歳の少年であったことに社会は衝撃を受けた．しかし，これ以降も少年による重大な犯罪は続発した．1998 年 1 月，栃木県黒磯市（現・那須塩原市）で中学一年の男子生徒がバタフライナイフで女性教諭を刺殺するという事件が起きた．2000 年に入ると，17 歳の少年による凶悪事件が相次いだ．愛知豊川市の主婦刺殺事件，西鉄バスジャック事件，岡山市の母親撲殺事件がそれである．

　そのような凶悪な少年犯罪がたてつづけに続く中，少年法が少年を甘やかしているから，少年犯罪が増加・凶悪化するのだという声がマス・メディアを賑

わすようになり，この声を受けて，法務省及び自民党が少年法改正のための作業に乗り出した．しかし，このような少年法改正派がいる一方で，子どもの人権擁護を専門とする弁護士たちを中心とした現行少年法擁護派は，少年犯罪が増加し凶悪化しているとはいえないこと，少年法の厳罰化は再犯を増加させるばかりで何の問題解決にもならないこと，そして，おとなと比較した場合の少年の再犯率の低さや，諸外国と比較した場合のおとなの凶悪犯罪検挙人員の少ないことなどを論拠として，現行少年法は有効に機能していると，少年法改正に真っ向から反対した（石井・坪井・平湯，2000）．

　図9-1は，昭和39年から平成30年までの刑法犯少年数及び人口千人あたりの刑法犯少年の推移を示したものである．少年法大改正前の5年間である平成7年から11年に注目してそれ以前と比較した場合，少年犯罪は増加したといえるのだろうか？　確かに平成元年〜5年あたりと比較すれば，刑法犯少年の数，人口比ともに増加しているといえる．しかし，さらに過去に遡ってみると，昭和55〜58年の期間の方が刑法犯少年数，人口比ともに平成7〜11年よりも多くなっており，ここを基準にすれば，少年犯罪は増えているとはいえなくなる．

　凶悪化しているという点についても同じことがいえる．最も凶悪な犯罪は殺人であるということに誰も異論はないだろうが，殺人を犯した少年を人口10万人あたりの比率でみると，平成7〜11年では，最も高い平成10年で0.79となっている．しかし，昭和20年代から30年代にかけては，少年殺人犯の人口比は2.00前後で推移しており，最も高い昭和26年では2.55を示しているのだ．もちろん，殺人を犯した少年の主たる動機は昭和と平成とでは異なるだろうが，殺人を犯した少年を人口比でくらべれば，戦後の高度成長期の頃までが平成期よりもはるかに高くなっている．

　結局，少年法は大幅に改正されてしまう．この少年法の厳罰化によって，非行・犯罪を思いとどまった少年が少なからずいたことは間違いない．しかし，その一方で，この厳罰化によって，出来心や好奇心からうっかり道を踏み外してしまった少年に対して「非行少年」ないしは「犯罪者」というレッテルが貼

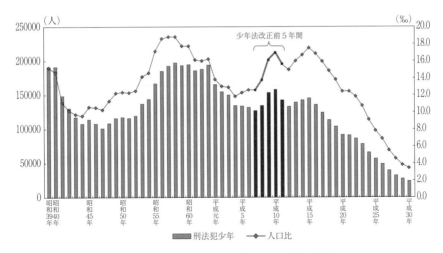

図 8-1　刑法犯少年数及びその人口比の推移

出所) 『警察庁統計 (少年非行情勢)』

られる可能性が高くなったこともまた事実なのである. そして, 一度そのレッ
テルが貼られてしまったならば, 橋外男のいう「空恐ろしいほどどこ迄も絡み
付いて廻る悪の鉄鎖」から逃れることはむずかしく, 彼らの多くが自らのアイ
デンティティを「逸脱者」というラベルに合わせて再構築せざるをえないよう
な状況に追い込まれてしまうのである.

　結局, 逸脱者をどう処遇するのかは, 他の人が逸脱するのを抑止するか, そ
れとも逸脱者が再度逸脱するのを抑止するかという二者択一の問題である. わ
たしたちは, それを二つともには選択できないのである.

◆◆もうちょっと詳しくみてみよう！　少年法「第 61 条」をめぐる問題◆◆

　少年法第 61 条は, 「家庭裁判所の審判に付された少年又は少年のとき犯した
罪により公訴を提起された者については, 氏名, 年齢, 職業, 住居, 容ぼう等
によりその者が当該事件の本人であることを推知することができるような記事
又は写真を新聞紙その他の出版物に掲載してはならない」と定めている. この
規定は, マス・メディアを通じて行われるラベリングを未然に回避する目的を

もつといえる（ただし，メディアの中心がマスメディアからソーシャルメディアに移行しつつある現在，少年法61条の含みがナンセンスなものになりつつあるのも事実である）.

　この61条が周知されることになったきっかけは，1997年5月の神戸市須磨区児童殺害事件である．犯人として14歳の少年が逮捕されたとき，写真週刊誌『フォーカス』が少年の顔写真を掲載し，また『週刊新潮』は少年の写真を目隠しして掲載した．キヨスクやコンビニでは両誌の販売中止が相次ぎ，法務省は両誌に対して回収と再発防止策の作成を勧告した．また，日本弁護士連合会も，少年法の意図を台無しにする行為で絶対に許されないとする声明を出すにいたった.

　これに対して，一部マスコミ，ジャーナリストは，少年法61条が，憲法第21条によって保障されている「表現の自由」に抵触するのではないか，また，マスコミは何も少年犯罪をセンセーショナルに報道したいから少年法61条に敬意を払わないのではなく，誰が凶悪な少年犯罪者であるかを国民に知らせることで，国民の「知る権利」を満たすと同時に，再犯を未然に防ぐことができるのだと反論する．そのように反論する人々は，いわば，「犯罪者が誰であるかを知ることによる再犯防止」の立場を示しているのだ.

　しかし，少年法の精神を固守しようとする弁護士などは，罪を犯してしまった少年たちの更生という視点から，61条を最も重要な条文の一つであると考え，これを厳守すべきであることを主張している．つまり，「罪を犯してしまった少年を更生させることによる再犯防止」という立場が，そこでは示されているのである.

　次の二つの文は，二つともイギリスで起こった「バルガー事件」についてふれている．しかし，少年犯罪者の公開裁判（氏名と顔の公開）に対する両者の姿勢は180度異なるといえる．A文は「犯罪者が誰であるかを知ることによる再犯防止」の立場を，B文は「罪を犯してしまった少年を更生させることによる再犯防止」という立場を明確に示している.

A　イギリスでも，少年保護のため，少年保護の事件における少年の実名報道は禁止されている．だが，少年の氏名の公表禁止は絶対的ではない．…1993年2月リバプール近郊で2歳の児童の変死体が発見された．死体はレンガで殴打されたうえ，鉄道の線路上におき去りにされたため体は切断されるという状況であった．この事件はイギリス中に大きな衝撃を与えたが，容疑者が逮捕されて国民はさらに大きな衝撃を受けることになった．容疑者として逮捕されたのは10歳の二人の少年であり，…この事件では，少年たちは刑事法院の裁判にかけられ，公開の裁判を受けた．そして，少年の氏名については，裁判中は裁判所が公表しないよう命令したが，判決後裁判所はこれを解除し，少年の氏名と顔写真は広く報道された．

　そしてこれを契機に，1997年犯罪法の制定により，青少年裁判所についても，少年が有罪宣告を受けた場合には公共の利益を理由に身元を特定する報道も許されうるようになった．さらにその後内務省と大法官省共同の通知状により，審理については被害者やその家族の出席や，特に地域社会などの影響を与えた事件の場合には公衆の出席も広く認め，また報道制限についても，犯罪の性質が重大で，再犯防止を促進する場合に禁止措置をとらない方針が示された（松井茂記『少年事件の実名報道は許されないのか（少年法と表現の自由）』日本評論社，2000年，41-42頁）

B　刑事裁判は，法律家のやり取りの中で進行するもので，「手続は，少年の最善の利益に資するものでなければならず，かつ，少年が手続に参加して自らを自由に表現できるような理解しやすい雰囲気の下で行われなければならない」（少年司法運営に関する国際最低基準規則14条2）とはまったくちがうものになります．

　大人の法律家の中で，どれだけ少年の伝えたい真実が伝わるでしょう．どれだけ少年のことが理解されるでしょう．どれだけ「少年が手続に参加して自らを自由に表現できる」でしょう．ここではただ単に「裁かれる者」でしかなくなるでしょう．こうした検察官の攻撃と弁護人の防御という大人が進める手続の中で，どれだけ少年が自分の行動や自己の問題性を顧み

ることができるでしょうか．

　…1999 年 12 月，欧州人権裁判所は，イギリスの，殺人を犯した 10 歳の少年の裁判（公開裁判）に対し，「自己の刑事手続に効果的に参加する権利を侵害したから，公正な裁判を保障する人権条約に違反する」と判断しました．ここでは，「衆人監視の成人用の刑事裁判の手続は，当時 11 歳の少年にとってきわめて脅迫的手続であるから，成人用の厳格な適用は，この年齢を考慮したとき，自己の刑事裁判手続への効果的な参加の機会を奪うことになる」とされたのです．それは熟達した弁護人がいても変わらない，とされているのです（石井小夜子・坪井節子・平湯真人『少年法・少年犯罪をどう見たらいいのか―「改正」，厳罰化は犯罪を抑止しない』明石書店，2000 年．67-68 頁）．

◆◆さあ，考えてみよう！◆◆

Q1. 169 〜 170 ページにある A，B 文を一読し，自分なら「犯罪者が誰であるかを知ることによる再犯防止」と「罪を犯してしまった少年を更生させることによる再犯防止」，どちらの立場をより重視するか考えてください．

第9章　記号消費とは何か
―資本主義，産業社会，消費社会―

◆◆キーワード◆◆

近代化 (modernization)　社会が前近代的段階から近代的段階へ移行すること．一般的には社会が資本主義化，産業化，合理化することだと考えられている．資本主義化とは，「剰余価値の創出による自己増殖運動」として特徴づけられる資本主義 (capitalism) という経済体制によって社会が動き出すことである．また，産業化 (industrialization) とは，社会の最重要目標にモノの大量生産が掲げられ，大量生産のための仕組み (機械技術システム) が社会システムのなかに重要な要素として組み込まれるようになることを指している．そして，M. ウェーバーのいう合理化 (rationalization) は，世界が前近代的な迷信や言い伝えなどの呪術から解放され，人々の認識が論理的な首尾一貫性や科学への適合性，行為の計画性・能率性をもつに至ることであるといえる．

『プロテスタンティズムの倫理と資本主義の精神』　M. ウェーバーは，ベンジャミン・フランクリンの説教の中にみられる「自分の資本を増加させることを目的と考えるのが各人の義務だ」という思想を「資本主義の精神」とよび，それを近代資本主義というシステム成立の原動力としてとらえている．ウェーバーは「資本主義の精神」の源流を，カルヴィニズムを中心とする禁欲的プロテスタンティズムの「世俗内禁欲」のなかにみている．救済は既に神によって予定されており，何人もその予定を確認することはできないというカルヴィニズムの「予定説」を突きつけられた信者たちは，世俗内禁欲を実践することで救済の確信をえようとし，その結果として資本の蓄積と合理的な生活態度を生み出したとウェーバーは説明している．

172

予定説 カルヴィン派の教えである「予定説」とは，天国行きか地獄行きかは既に神によって予定されており，人間は自分のその運命を知ることもできないし，いかに善行を重ねたところで，その運命を変えることはできないという教えである．この厳しい救済観を突きつけられた信者たちは，「天職」たる職業労働に専念することと世俗内禁欲を実践することで，救済の確信をえようとする．かくして，徹底した禁欲生活と勤勉な労働の果てに富は蓄積されるが，自分の現世における欲望を満たすために金銭を消費することは禁じられているから，蓄積された富はさらなる富の追求のための資本として投下されるという循環をたどることになる．

T 型フォード (Ford Model T) アメリカのフォード・モーター社によって 1908 年に発売された自動車で，ベルトコンヴェアによる流れ作業方式を適用する大量生産方式で生産された史上初の自動車である．フォード・モーター社は T 型ただ一種だけに絞り込んだ大量生産を行い（一車種生産政策），1927 年の生産停止にいたるまで，T 型だけをモデルチェンジのないまま生産し続けた．また，フォード・モーター社は 1913 年から徐々にベルトコンヴェアを利用した流れ作業による組立て方式を生産ラインに導入し，フォード・システムとよばれる大量生産方式を確立する．

記号消費 他者との差異化をはかることや自分らしさを探り当てることを目的として，モノの機能ないしは効用ではなく，モノ（あるいはサービス）に付着した良いイメージを消費することを「記号消費」という．たとえば，消費社会においてフェラーリとは単なる「自動車」ではなく，「セレブ」とか「富裕層」といったイメージが貼りついている自動車以上の「なにものか」なのである．T. B. ヴェブレンが指摘する有閑階級の誇示的消費 (conspicuous consumption) は古典的な記号消費である．

CI (corporate identity) CI とは企業 (corporate) の自己認識 (identity) のこと，

すなわち，企業がステークホルダーに伝えようとするその企業のイメージや個性を意味している．企業を象徴するマークやデザインを制定・統一することをCIとよんだりもするが（狭義のCI），そのことにとどまらず，経営理念を明確にし，それにもとづいて事業にかかわる諸活動に一体性をもたせ，企業の存在価値を内外で共有するための経営戦略全般を指す言葉である．

1. 前近代と近代の画期

　消費社会とはどのような原理で動いている社会なのか，また，その原理がわれわれの生活にどのような影響を及ぼしているのか，この章ではその点を中心に考察を進めていきたい．消費社会とは何かという説明に入る前に，消費社会を概観するための簡単な見取り図を示しておくことにする（図9-1）．

　仮に，われわれ人類の生きてきた歴史を二つの局面にわけるとするならば，前近代社会（pre-modern society）と近代社会（modern society）という区分がされるだろう．前近代社会とは，生産力の未発達，地域的閉鎖性，個人の集団への埋没，非合理性などによって特徴づけられる伝統的な社会を指す．これに対して近代社会とは，近代化（modernization）によって17～18世紀頃にまず西欧で出現し，次第に全世界へと広がっていった構造・形態の社会を指す．前近代社会と近代社会を分ける指標（目印）となるのが「近代化」であるが，近代

図9-1　近代化と消費社会の位置づけ

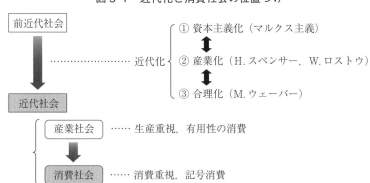

化とは，一般に社会が①資本主義化，②産業化，③合理化することだと考えられている．

資本主義化とは，社会が**資本主義**（capitalism）という経済体制（生産手段を所有する資本家が，もっぱら剰余価値の創出を目指して自由な市場メカニズムの下で行う機械制大工業の形態をとった生産体制）によって動き出すことである．また，**産業化**（industrialization）とは，社会の最重要目標にモノの大量生産が掲げられ，大量生産のための仕組み（機械技術システム）が社会システムになかに重要な要素として組み込まれるようになることを指している．そして，ウェーバー（Weber, M.）のいう**合理化**（rationalization）とは，世界が前近代的な迷信や言い伝えなどの呪術から解放され，人々の認識が論理的な首尾一貫性や科学への適合性，行為の計画性・能率性をもつに至ることである．本章では，近代化を意味する三つの変化のうち，資本主義化と産業化について考えてみたい（合理化については第2章で説明してある）．

2. 資本主義と産業社会

社会学における最も偉大な古典の一つであるウェーバーの『**プロテスタンティズムの倫理と資本主義の精神**』は，近代資本主義の起源を問うた著作である．資本主義とは，簡単にいうなら「儲けてどうこうするのではなく，儲けることそのものが目的」，あるいは「もっと儲けるために儲ける」という経済主体の思い込みが動かしているシステムであるといえる．

ウェーバーは，ベンジャミン・フランクリンの説教の中にみられる「自分の資本を増加させることを自己目的と考えるのが各人の義務だという思想」を「**資本主義の精神**」とよび，それを近代資本主義というシステムの原動力としてとらえている．すなわち，営利を物質的生活の要求を充たすための手段とは考えず，人生の目的そのものと考えた人々によって富が蓄積され資本が形成されたがゆえに，資本主義という経済システムの成立が可能になったのだとウェーバーはみているのである．「夏休みに海外旅行に行くために貯金する」，あるいは「マンションを購入するためにお金を貯める」というのがわれわれフ

ツウのヒトの発想だとするならば，お金を貯めることそのものを目的とするのは，ある意味では倒錯した発想であるといえよう．

　それでは，ウェーバーが「資本主義の精神」とよぶ，「もっと儲けるために儲ける」というこの倒錯した思想は一体どこから生まれたのであろうか．結論をいえば，ウェーバーは「資本主義の精神」の源流を，カルヴィニズムを中心とする禁欲的プロテスタンティズムの**世俗内禁欲**のなかにみている．

　カルヴィニズムは，**予定説**という他に類例をみない救済観をもっている．予定説とは，天国行きか地獄行きかは既に神によって予定されており，人間は自分の運命を知ることもできないし，いかに善行を重ねたところで，その運命を変えることはできないとするものである．このとても厳しい救済観を突きつけられた信者たちはどうしたのだろうか？　信者たちはどうしても自分が救済される側にいる人間，神によって選ばれた側の人間であるという確信を得たかったのではないだろうか．そこで，おそらくこのように考えたであろう．もし，神から与えられた使命である職業に専心できれば，そして，もし，日常生活における徹底した禁欲を貫き通すことができれば，おそらく自分は救済される側にいる人間なのだと．かくして，徹底した禁欲生活と勤勉な労働の果てに富は蓄積されるが，自分の現世における欲望を満たすために金銭を消費することは禁じられているから，蓄積された富はさらなる富の追求のための資本として投下されるという循環をたどることになる．信者たちは，蓄積された富が大きければ大きいほど救済を確信できただろうし，また，富はあくまで神から委託された財産であるから，それを無駄なく運用していくことが，今では資本家，経営者となった信者たちに要請されたことだろう．しかし，やがて時が経ち，代を経るにつれて，禁欲的プロテスタンティズムによる宗教的基礎づけが「生命を失って欠落」し，「少しでも無駄なく利潤をあげることそのものを自己の義務，人生の目的としなさい」というあの奇妙な思想だけがそこに残るのである．

　以上が，ウェーバーによって指摘された「資本主義の精神」の起源であるが，そのような思想によって突き動かされている資本主義社会の誕生は，同時にもう一つのきわめて近代的な特徴をもつ社会の誕生に寄与することになる．それ

は「産業社会」である.

　前近代社会において,「生産」は個々の生理的欲求に合わせた家族や個人のためのものであり,その意味で「生産」と「消費」は一致していたといえる.環境問題における議論でよく引用されるエピソードであるが,ネイティブ・アメリカンはけっして自分たちが生存するために必要な量より多くのビーバーを捕獲することがなかったという.まず,生物学的なニーズが前提にあって,それに見合うだけの生産及び消費活動がなされていたという好例であろう.しかし,近代社会に入って,社会経済が資本主義という原則によって動き始めるとやや事情は異なってくる.正村俊之が指摘しているように,資本主義とは,儲けること自体を目的とする社会であるから,「生産」そのものが自己目的化し,人間の生理的欲求や消費の動向とは切り離され,まったく別の原理で動くようになる(正村, 1991).例えばそれは,近所に住む顧客の注文に応じて靴を製造していた靴屋の親方が,資本主義経済の勃興とともに製靴会社を経営するようになり,資本の拡大再生産を図るため,それまでの顧客であった近隣住民のニーズとはまったく無関係に大量の靴を生産しなければならなくなるということだ.また,資本の拡大再生産を図るためには靴を大量に生産するだけでなく,生産の効率性を高め,常に生産コストより大きい利益を獲得することに配慮していかなければならなくなる.

　かくして,「消費」よりも「生産」が優位にあり,いかにして大量にモノを生産するかが社会全体の課題とされる.大量生産を可能にするテクノロジーによって特徴づけられた**産業社会**が幕を開けることになる.産業社会は,「できるだけお金と時間をかけずに…」という効率の原理が徹底して貫かれている社会であるともいえる.産業社会においてテクノロジーが知識体系として最も重視されるのは,その知識体系を生産現場に応用することで,生産における効率性が最大限に得られるからであり,官僚制が産業社会において最も適応的な組織原理であるのは,官僚制とは組織目標を能率的に達成するための合理的な管理運営体系だからである.

　産業社会とはどのような社会であり,またどのような発想で動いているのか.

そのことを典型的に示してくれるのが自動車会社フォードの創始者ヘンリー・フォードの経営理念（フォーディズム）とその理念に基づいて生み出された自動車**T型フォード**である．フォードの経営理念は，簡単にいうと，高品質で安い自動車を大量に生産することだといえる．安い自動車を生産するためには，生産コストをできるだけ低く抑えなければならないが，そのためにフォードがとったのは，一車種生産政策と**フォード・システム**とよばれる大量生産方式である．フォードは1908年にT型フォードの製造を開始し，1927年の生産停止にいたるまで，この1種類の自動車だけを生産し続けた．生産する自動車を一つに限定すれば，部品の標準化が可能になり，生産コストを安く抑えることができる．また，フォードは1913年，流れ作業による組立て方式を生産ラインに導入した．このフォード・システムのねらいは，作業を細分化・単純反復化することで個々の作業分担の専門化を図り，また同時に，全体作業をシンクロ化することで，生産効率を向上させることにあった．かくして，当時最も安い自動車の半値程度で売り出されたT型フォードは一時アメリカの自動車市場を席巻することになる．工業生産におけるコスト削減と生産効率の向上を徹底することで，できるだけ大量に，安価にモノを生産すること．そのようなフォードの経営理念は，そのまま産業社会を突き動かしている精神であるともいえる（見田，1996）．

3. 消費社会とは何か―記号消費，広告，CI ―

　しかし，フォードの一車種生産政策の結晶であるT型フォードは，自動車の「見かけ」を重視したGM（ゼネラル・モーターズ社）の多車種生産政策の前に敗れ，1927年に生産停止を余儀なくされる．この「事件」は，リースマン，内田隆三，見田宗介といった社会学者たちが，消費社会とはいかなる社会であり，いかなる原理で駆動しているのかを語る際に必ず引用する，最も重要なエピソードである．

　フォードのGMに対する敗北は，消費者が大量に市場に出回っている安価な自動車よりも，多少値段が高くてもみた目のよい自動車を選択したというこ

とを意味する．このことは，「つくることよりも売ることの方がむずかしい時代」，すなわち，J. K. ガルブレイスやD. ベル，そしてJ. ボードリヤールらによって指摘され，論じられてきた消費社会の幕開けを示唆している（見田，前掲書）．産業社会とは，いかにして大量に安いモノを生産するのかを社会全体の最優先課題とする社会であった．これに対して，消費社会とは，生産の側からすれば，生産することよりも消費させることに比重が置かれた社会といえよう．

　また，消費の側からすれば，消費社会とは，**有用性の消費**ではなく，**記号消費**が消費の主流になるような社会といえる．有用性の消費とは，たとえば，「通勤のために必要だから自動車を購入する」ように，「○○のために必要だから△△を買う（利用する）」という有用性（必要性）に基づく消費のことである．もし，自動車が純粋に通勤の必要性から購入されるとするならば，消費者が自動車を選択する基準は低価格であるとか，燃費のよさであるとか，耐久性といった点になり，人々はどれだけ安いかという基準に従って購入する自動車を決定することだろう．Ｔ型フォードは，まさにそのような消費者を想定して市場に投入された自動車である．しかし，フォードの敗北，すなわち，安い自動車がまったく売れず，やや高額ではあるがGMのスタイリッシュな自動車が飛ぶように売れたというエピソードは，いまや消費者の「消費」は必ずしも「必要」であることを根拠としないという事実をはっきりと示すものであった．GMの販売する自動車は「カッコイイ！」というその唯一の理由によって売れたのである．そこに，われわれは記号消費の嚆矢をみることができる．

　Aというものがそこにないのに，Aが引き起こすのと同じような反応を人間のうちに喚起する刺激をAの**記号**（sign）という．たとえば，「〒」を目にした時，この国で生活しているほとんどの人は「郵便局」という単語や近所にある郵便局の建物，またその前に設置されている赤いポスト等を頭の中に思い浮かべるだろう．それは「〒」が郵便局の記号だからである．同様にフェラーリという車は，われわれにそのオーナーの社会的属性（セレブリティ，一流芸能人，一流アスリート…）をイメージさせる．それはフェラーリという自動車がセレブの記号として作用しているからである．おそらく，フェラーリのオーナーは

移動手段としての自動車に大枚を叩いているわけではない．彼等が何千万円も出して購入しているのは，フェラーリという「自動車」ではなく，フェラーリという自動車に貼りついている「セレブというイメージ」なのである．そのように，モノの機能ないしは効用ではなく，モノ（あるいはサービス）に付着したイメージを消費することを**記号消費**という．

　消費社会とは，この記号消費が消費の主流となる社会といってよいだろう．ボードリヤール（Baudrillard, J.）に従えば，消費社会の中で，われわれ消費者は，自分と他人を区別するために，モノやサービスに付着した良い観念やイメージ，あるいはそれを前にした人々の反応（賞賛や羨望）を消費しているのである．いってみれば記号消費とは，他者と異なる，もっと自分らしいモノ，あるいはサービスを求めての消費であり，他者と違う自分でいたいという人間の「差異への欲求」を満たすための消費であるといえる（Baudrillard, 1979）．「差異への欲求」を満たすための消費である記号消費が一般的になれば，当然のことながら消費は多様化するだろう．そうなると，生産側はそれまでの大量生産から多品種少量生産へと生産モードを変更せざるをえなくなる．生産のシステムの課題が，従来の，いかにして大量にモノを生産するかというものから，いかにして売れ筋商品をいち早く発見するか，いかにして自社が提供するモノやサービスに付加価値をつけていくかという課題に転換される．つまり，社会が消費社会化するということは，同時に情報化をともなうということでもある．消費社会と高度情報社会がセットで論じられるゆえんである．

　そのような消費社会において，モノを生産する側は消費する側に対して従属的な立場に置かれるようになったのだろうか．生産する側はただ消費者の顔色を窺って，消費者の嗜好に迎合した商品（あるいはサービス）を生産するだけの存在に成り下がってしまったのだろうか．結論をいえば，そんなことはない．生産主体である各企業は，消費社会の中で，消費者に自社製品（サービス）の消費を促すような仕掛を，主体的に構築し続けている．その仕掛の一つが広告であり，もう一つがCIである．

　次の2つのSONYの広告をみてもらいたい．広告Aは1975年に新発売さ

れたカセットコーダーの広告であり，広告Bは2000年の秋，雑誌に掲載され
たパーソナル・コンピュータ（バイオ）の広告である．

　その広告が最も消費者に対してアピールしたいポイントを訴求点というが，
広告Aは，SONYが訴求点として多用してきたコンパクトかつポータブルであ
るという商品の性能を強調している．カッパブックスは当時人気のあった実用
新書のシリーズであるが，その新書と同じ大きさなので持ち運びが可能である，
通勤電車の中で使うことができるという点が「カッパの本が驚いた．」という
コピーに集約されているのである．また，「顔よし，声よし，耳もいい．重要
会議に同席します」，「こんなスリムなボディでも普通サイズのカセットテープ
が使えます」，「録音はワンボタンの手軽さ，高感度のエレクトレットコンデン
サーマイクを内蔵していますから録音チャンスを逃がさずキャッチします」な

広告A　「カッパの本が驚いた．」（1975年）

出所）安田輝男『あの広告はすごかった！―日本の優秀アイデア作品集―』中経出版，1997年，p.195

広告 B　「バイオ QR」(2000 年)

出所)『Sony Chronicle（ソニークロニクル）』株式会社ソニー・マガジンズ，2002 年 10 月 20 日，第
12 巻第 34 号，p.177

　どのように，この広告は，頻繁に商品の機能や効用についてふれている．

　その一方で，広告 B，デザインにウェイトが置かれたという「バイオ QR」
の広告では，何が訴求点になっているのだろうか？　この広告では，コン
ピュータであるはずのバイオがブランド品とおぼしきエレガントなバッグ数点
と並べられてショウウィンドゥに鎮座している．商品のスペックや機能につい
ては，広告の下端に誰も判読不能な小さな文字で記載されているのみで，コ
ピーもショウウィンドゥの右下に，よほど注意深い人間しか気づかないような
白抜きの小文字で「あそべるバッグ，バイオ QR」とあるだけにとどまる．こ
の広告をみた者が，この広告だけでバイオ QR という商品の使用機能を把握す
ることはまず不可能であろう．だとすれば，この広告は消費者に何を訴えよう
としたのか？

　近年，Ａタイプの広告を目にすることは少なくなり，その代わりにＢタイプの広告がわれわれの周囲，あらゆるメディアの中で氾濫している．それはなぜか？　結論からいえば，それは現在，われわれが生きているのが「消費社会」だからである．思い出してほしい．消費社会の一つの指標は，消費の主流が記号消費になるという点であった．記号消費とは，モノそのもの（モノの機能や効能）ではなく，モノやサービスにくっついている良いイメージを消費することであり，この原則に従えば，消費社会に生きるわれわれはバイオというコンピュータ（使用機能）に対して対価を支払っているのではないということになる．われわれ消費者が商品の使用機能（録音する機械）を購入するのではないのなら，使用機能（録音はワンボタン，録音チャンスを逃がさずキャッチ）を訴求点にしたＡタイプの広告は，もはやわれわれの購買欲を煽ることはできないだろう．

　われわれは，商品に付着したポジティブなイメージを消費する．そのような消費の仕方をするわれわれの眼に，ブランドバッグと同じショウウィンドウに並べられた「あそべるバッグ＝バイオ」はなんと魅力的な商品に映ることだろうか．この広告は，エレガントで高価なブランドバッグとコンピュータであるはずのバイオに何らかの関係があるらしいという含みだけで成り立っているのである．

4.　NIKE の CI

　消費社会の中で，企業が消費者に自社製品（サービス）の消費を促すようなもう一つの仕掛，それが CI（corporate identity）である．アイデンティティとは自己認識のことであるから，ここでいう CI とは企業（corporate）の自己認識のこと，すなわち，企業がステークホルダーに伝えようとするその企業のイメージや個性のことである．

　次に掲げるユニクロの新聞広告「ニュースのある服．」（広告Ｃ）を見てほしい．マーケティング論などでは通常，広告を商品の特徴や魅力を訴える商品広告と企業そのものを知ってもらうための企業広告に分類しているが，このユニクロ

の広告はそのどちらにもあてはまらないように思える．なぜなら，この広告は，株式会社ファーストリテイリングがユニクロというブランドを通じて何をしようとしてきたのか，そして何をしようとしているのかを表明する，すなわち自分たちがどのような理念をもっている企業なのかをステークホルダーに伝えようとしている CI 広告だからである．

　ユニクロ（ファーストリテイリング）は，一般的に SPA（製造小売業）の成功例として評価されている．しかし，SPA という呼称には，商品の企画から小売までを手がけることによって生産コストを下げ，消費者の嗜好を素早く生産に反映させることに成功した消費社会に適応的な企業という良い含みがある反面，その企業が提供する商品には「安かろう悪かろう」というイメージが常につきまとう．ユニクロは，この広告によって明らかにそのイメージの払拭をねらっている．ユニクロは，これまで，単に機能的で廉価な服を消費者に対して提供してきた訳ではなく，「ニュースのある服」を発信してきた，今後もさらにさまざまなニュースを発信し続けることで「製造“情報発信”小売業」を目指すのだと，この広告は宣言しているのである．

　なぜ，ユニクロは新聞にこのような CI 広告，自らのアイデンティティを表明するような広告を掲載しなければならなくなったのだろうか．また，ユニクロに限らず，多くの企業が，なぜ，商品広告でも企業広告でもなく，ただひたすら消費者を中心とするステークホルダーに自らのイメージの更新を迫るようなタイプの広告を出さなければならなくなったのだろうか．答えは一つ．それはわれわれの直面する社会が，商品（サービス）そのものではなく，商品あるいはサービスに付着した良いイメージを購入する消費社会だからである．われわれ消費者が，商品の効用ないし機能を消費する（有用性の消費）ような社会であれば，企業は単純に商品種そのものの説明を広告の訴求点にすればよかった．しかし，消費社会的な段階に入り，消費者が商品あるいはサービスの効用ではなく，良いイメージを消費するようになると，企業は CI という形で自社と他社，自社ブランドと他社ブランドとの差異を消費者に対してアピールしなければならなくなる．なぜならば，以前にも述べたように，記号消費の本質は「差

ニュースのある服。

UNI QLO ユニクロはこれまでずっと、「あらゆる人が着ることのできる、よい服」をつくろうと努力してきました。では「よい服」とは、いったいどんな服なのでしょう。例えば、モノとしてよく出来ている服、自分をよく見せられる服、語ることがたくさんある服、満足や納得のいく服、機能的で便利な服など、そこにはいろいろな要素があります。それらのすべてをひっくるめて、何か"ニュース"を持っていること。ユニクロはこれからそういった、誰もが価値を感じられる服をつくり、本当にあらゆる人に着ていただけるようにしたいと考えています。私たちはこれまでにも、50色揃ったフリース、軽くて暖かいエアテック、汗をかいてもすぐ乾くドライウェア、ポップアートや企業とのコラボレーションで話題となったTシャツ、世界で最も質が高いと言われる内モンゴル産のカシミヤなど、さまざまな"ニュース"を発信してきました。この秋から冬にかけても、色や柄などのラインナップをより充実させたカシミヤ、NASAのために開発された温度調節機能のある素材のアウトラスト®を使用したフリース、軽さと暖かさが際立つポーランド産の羽毛を使ったダウンジャケットなど、世界最高水準の素材を使ったり、機能的にこれまでになかったものを開発したり、皆さんに驚いてもらえる服をいろいろと揃えています。そして、このようなニュース性のある服づくりは、今年だけのことではありません。来年も、その先も、私たちはさらにパワーアップし、「よいカジュアルをつくる会社」としてさまざまな"ニュース"を発信し続けていく。ユニクロはこれから、製造"情報発信"小売業を目指します。

お問い合わせ先　フリーダイヤル 0120-090-296（9:00-18:00）株式会社ファーストリテイリング　www.uniqlo.com

広告C　「ニュースのある服.」（2004年）

異への欲求」を満たすための消費だからである.

　おそらく, 消費社会におけるそのような企業のあり方に最も早く気づき, そ
れを最も早く広告・マーケティングに反映させて企業戦略を展開した企業の1
つがは NIKE であろう.

　NIKE という企業の前身は, オレゴン大学でトラック競技チームのコーチを
していたビル・バウワーマンと彼の教え子で NIKE の前最高経営責任者 (CEO)
であるフィル・ナイトが 500 ドルずつ出資して日本のオニツカ〈タイガー〉を
販売するため 1964 年に設立した「ブルー・リボン・スポーツ社」である (以下,
「NIKE 略歴」参照のこと). 1971 年に NIKE というブランドとあまりにも有名
なスウッシュマークが誕生, 1978 年社名を NIKE に変更したあたりからこの
企業の快進撃が始まる.

　1985 年, 後に NBA のスーパースターとなるマイケル・ジョーダンと契約し,
ジョーダンのキャラクターを反映させた商品である〈エア・ジョーダン〉が爆
発的にヒット. 以後, NIKE はタイガー・ウッズ, レブロン・ジェームズなど,
大物アスリートと専属契約を結んで消費者をひきつけるマーケティング戦略を
確立させる. しかし, NIKE は, その商品を使えばあこがれの選手に近づける
という消費者の感情を煽るこの戦略に偶然たどり着いたわけではない.

　マイケル・ジョーダンと契約を結んだ頃にフィル・ナイトが抱いていた直感
を, ドナルド・カッツは NIKE の企業活動を精力的に描ききった『ジャスト・
ドゥ・イット－ナイキ物語 (原題 The Nike Spirit In The Corporate World)』の
なかで, 次のように表現している.

　英雄的な選手を崇拝するスポーツ・ファンはいても, スポーツ用品を崇拝す
るファンはいない. だが偉大な運動選手が求める偉大なスポーツ用品は, ファ
ンといえるような顧客を生むだろう, とナイトは判断した.「誰も商品自体を
応援したりしない」とナイトはいう. 商品には, 何か心を引く深遠なものとの
つながりが必要なのだ (ドナルド・カッツ『ジャスト・ドゥ・イット－ナイキ物語』
(梶原克教訳) 早川書房 1996 年, 19 頁).

誰も商品自体を応援したりしない．商品には何か心を引く深遠なものとのつながりが必要なのだというナイトの考えは，これまで繰り返し述べてきた，消費者は商品そのものを消費しない，商品に付着した良いイメージを消費するという消費社会の原則と通じている．商品と深遠なものとの「つながり」をつけるのが NIKE の広告であり，マーケティングであるといえる．〈エア・ジョーダン〉という商品に，マイケル・ジョーダンという偉大なバスケットボールプレイヤーの人格が投影されているからこそ，消費者はその商品を求めてやまない．アスリートの商品への人格の投影に，NIKE は広告費として莫大な費用を投入するのである．

表 9-1　NIKE 略歴

1957 ?	フィリップ（フィル）・ナイト，ビル・バウワーマンが指導するオレゴン大学トラック競技チームに中距離ランナーとして在籍する
1963	スタンフォード大学ビジネススクールで MBA を取得したフィル・ナイト，神戸を訪れオニツカ〈タイガー〉を米国に持ち帰る
1964	バウワーマンとナイト，500 ドルずつ出資して〈タイガー〉を 1000 足買い入れ，競技会での販売を始める（「ブルー・リボン・スポーツ社」）
1966	バウワーマンがデザインしたランニング・シューズをオニツカが製造，〈コルテッツ〉としてビッグヒットとなる
1971	「ナイキ」ブランドと「スウッシュ」マーク誕生．この頃，スティーブ・プリフォンテン，ナイキ製品を身につけ競技に出る
1972	バウワーマン，「ワッフルソール」を考案
1978	ブルー・リボン・スポーツ社，社名を「ナイキ」に変更．この頃，エア・クッショニングシステムである〈ナイキ・エア〉が採用される
1980	ナイキ，株式上場．アディダスのアメリカ市場支配を突き崩す
1985	マイケル・ジョーダンと契約，ジョーダンを起用したテレビCM〈ジョーダンの飛翔〉
1988	'JUST DO IT' キャンペーン（日本は 97 年）
1992	バルセロナ・オリンピックにおける"ドリームチーム"事件
1994	スウッシュから「ナイキ」ロゴが外される
1996	タイガー・ウッズと契約
1999	「アルファ（ALPHA）プロダクト」投入
2001	「ナイキ」ロゴ（ナイキスクリプト）の再度使用，カテゴリーブランド（サブブランド）の構築

　また，カッツの次の引用のように，NIKE は自社を製造業者（メーカー）として位置づけてはいない．ライバルはリーボック（スポーツ用品メーカー）ではなく，ディズニー（世界で最も成功しているエンターテイメント企業）であるとするこの認識は，NIKE という企業が，この消費社会において消費されようとするものの本質を見極めている一つのはっきりとした証拠であるようにみえる．

　…ナイトと若手幹部数人はすでに，ナイキの将来を「体験提供企業」として位置づけていた．…時代を先取りしたスポーツエンターテインメントを創出するために，ナイキは映画監督ジョージ・ルーカスのルーカス・フィルムズとすでに提携しており，本社内ではデジタル式のバーチャル・リアリティ・ブースを備えた，ナイキ・テーマパーク構想も提案されていた．そこでは，世界中の著名なゴルフコースを体験することもできるし，マイケル・ジョーダンと一対一で試合することも，アルベルト・サラザールとレースすることも可能だ．「小売業と娯楽産業は近づいている」とナイトは言う．「ナイキタウン，ナイキが抱えているタレント，それに新しいスポーツ代理業を見れば，当社の新しい方向性が見えてくる」…ハワード・スラッシャーは最近，ナイキのこれからのライバルはディズニーであってリーボックではないと言いはじめている（ドナルド・カッツ『ジャスト・ドゥ・イット－ナイキ物語』（梶原克教訳）早川書房 1996 年，101 頁）．

◆◆もうちょっと詳しくみてみよう！　無印良品◆◆

　「無印良品」（良品計画）も消費社会の中で自らの CI を表明するのが巧みなブランド（企業）である．たとえば，下に引用した新聞広告では，ブランドの理念が一つの確固としたフィロソフィとして語られている．おそらく，このフィロソフィが，「無印良品」という商品群のブランド価値を高めているのである．

無印良品の未来

　無印良品はブランドではありません．無印良品は個性や流行を商品にはせず，商標の人気を価格に反映させません．無印良品は地球規模の消費の未来を見とおす視点から商品を生み出してきました．それは「これがいい」「これでなくてはいけない」というような強い嗜好性を誘う商品づくりではありません．無印良品が目指しているのは「これがいい」ではなく「これでいい」という理性的な満足感をお客さまに持っていただくこと．つまり「が」ではなく「で」なのです．

　しかしながら「で」にもレベルがあります．無印良品はこの「で」のレベルをできるだけ高い水準に掲げることを目指します．「が」には微かなエゴイズムや不協和が含まれますが「で」には抑制や譲歩を含んだ理性が働いています．一方で「で」の中には，あきらめや小さな不満足が含まれるかもしれません．従って「で」のレベルを上げるということは，このあきらめや小さな不満足を払拭していくことなのです．そういう「で」の次元を創造し，明晰で自信に満ちた「これでいい」を実現すること．それが無印良品のヴィジョンです．これを目標に，約五〇〇〇アイテムにのぼる商品を徹底的に磨き直し，新しい無印良品の品質を実現していきます．

　無印良品の商品の特徴は簡潔であることです．極めて合理的な生産工程から生まれる製品はとてもシンプルですが，これはスタイルとしてのミニマリズムではありません．それは空の器のようなもの．つまり単純であり空白であるからこそ，あらゆる人々の思いを受け入れられる究極の自在性がそこに生まれるのです．省資源，低価格，シンプル，アノニマス（匿名性），自然志向など，いただく評価は様々ですが，いずれに偏ることなく，しかしそのすべてに向き合って無印良品は存在していたいと思います．

　多くの人々が指摘している通り，地球と人類の未来に影を落とす環境問題は，すでに意識改革や啓蒙の段階を過ぎて，より有効な対策を日々の生活の中でいかに実践するかという局面に移行しています．また，今日世界で問題となっている文明の衝突は，自由経済が保証してきた利益の追求にも限界が見えはじめ

たこと，そして文化の独自性もそれを主張するだけでは世界と共存できない状態に至っていることを示すものです．利益の独占や個別文化の価値観を優先させるのではなく，世界を見わたして利己を抑制する理性がこれからの世界には必要になります．そういう価値観が世界を動かしていかない限り世界はたちゆかなくなるでしょう．おそらくは現代を生きるあらゆる人々の心の中で，そういうものへの配慮とつつしみがすでに働きはじめているはずです．

1980年に誕生した無印良品は，当初よりこうした意識と向き合ってきました．その姿勢は未来に向けて変わることはありません．

現在，私たちの生活を取り巻く商品のあり方は二極化しているようです．ひとつは新奇な素材の用法や目をひく造形で独自性を競う商品群．希少性を演出し，ブランドとしての評価を高め，高価格を歓迎するファン層をつくり出していく方向です．もうひとつは極限まで価格を下げていく方向．最も安い素材を使い，生産プロセスをぎりぎりまで簡略化し，労働力の安い国で生産することで生まれる商品群です．

無印良品はそのいずれでもありません．当初はノーデザインを目指しましたが，創造性の省略は優れた製品につながらないことを学びました．最適な素材と製法，そして形を模索しながら，無印良品は「素」を旨とする究極のデザインを目指します．

一方で，無印良品は低価格のみを目標にはしません．無駄なプロセスは徹底して省略しますが，豊かな素材や加工技術は吟味して取り入れます．つまり豊かな低コスト，最も賢い低価格帯を実現していきます．

このような商品をとおして，北をさす方位磁石のように，無印良品は生活の「基本」と「普遍」を示し続けたいと考えています（『朝日新聞』2003年3月8日朝刊）．

◆◆さあ，考えてみよう！◆◆

Q1. 「無印良品の未来」を一読し，「無印良品」のCIを簡潔にまとめた上で，その消費社会における意義について考えてください．

第10章　社会福祉と社会問題

◆◆キーワード◆◆

ニーズ (needs)　一般的には，人間が社会生活を営む上で必要不可欠な要件を欠いている場合に発生する「必要」や「要求」のことである．三浦文夫は，ニーズを広義，狭義の両義からとらえている．まず三浦は，ある種の状態が，ある種の目標や一定の水準から乖離の状態にある場合，これを「依存的状態」とよび，この状態を広義のニーズとしてとらえる．しかし，依存的状態があるだけでは，それを社会的ニーズとよぶことは難しい．三浦は，その「依存状態」から回復する必要がある，改善策を施す必要があると社会的に認められている場合を「要援護性」とよび，これを狭義のニーズとしてとらえている．

福祉国家 (welfare state)　福祉国家とは，政府の行政サービスが国防や治安維持，自由な経済活動の保障を提供するにとどまらず，雇用や医療，教育といった国民のあらゆる生活面における保障，そして生活上さまざまな障害を抱える人に対する福祉サービスの提供といった多様な政策課題を実現しようと努力する国家である．福祉国家は，「ケインズ－ベヴァリッジ的福祉国家」ともよばれるように，中央政府が主体となって社会保障の制度化や完全雇用を目標とする経済介入を行うことで，社会保障の国民規模での拡充を目指す国家であるともいえる．

福祉多元主義 (welfare pluralism)　福祉多元主義とは，人々の生活の保障を国家だけを通じて達成するのではなく，多元的な資源配分方式を利用することでそれを達成しようとする考え方である．具体的には，社会福祉サービスの供給主体を公的部門，民間営利部門，民間非営利部門，インフォーマル部門の4つ

に分けて，公的サービスの役割を重要であるとしながらも，その他の供給主体の独自の役割にも着目し，それらを多元的に利用しようとし，またそうする方が効率的かつ望ましいと考える発想である．

福祉レジーム論　アンデルセンは，労働者が労働を離脱しても生活水準を維持することができるかどうかを示す尺度である「脱商品化」と，その諸施策の実現によって社会階層がどれだけ固定化されているかを示す尺度である「社会的階層化」という2つの指標を用いて，福祉レジームを「自由主義レジーム」「保守主義レジーム」「社会民主主義レジーム」の3つに分類する．「自由主義レジーム」は，アングロサクソン諸国（アメリカ，イギリス）に見られる福祉国家レジームで，社会福祉の供給対象に対して選別主義という態度がとられ，ニーズの充足にあたっては個人の責任が強調され市場が重視される．職域別の社会保険を中心としたドイツやフランスなどの大陸ヨーロッパでは「保守主義レジーム」がみられる．このモデルは，ニーズ充足において家族や共同体の役割が重視され，また，社会福祉の中心に社会保険制度が据えられている点などに大きな特徴がある．北欧諸国（スウェーデン，デンマーク）に見られる「社会民主主義レジーム」は脱商品化が最も進んでおり，ニーズの充足にあたっては普遍主義に基づき広範囲のニーズに対処する制度が整備されている点に特徴がある．

リベラリズム，リバタリアニズム，コミュニタリアニズム　リベラリズムとは，政治的・経済的活動の自由を遵守しながら，活動の結果として生じる社会的不平等を是正するという思想である．リベラリズムを代表する論者であるJ.ロールズの格差原理とは，「所与の制約条件で，最も不遇な人々の期待を最大限に高める」ことを目的とする分配原理で，社会のなかの「平均的な人々の期待」の最大化を目指す功利主義的発想と対比される．すべての人々に無条件で一定額の基本所得を支給するというベーシック・インカム構想は，このロールズの格差原理を基礎としている．

　リバタリアニズム（自由至上主義）では，国家や共同体が財の再分配にかかわ

ることが忌避または回避され，たとえば国家は福祉や教育から撤退し，司法・治安維持活動にのみ活動を限定すべきと唱える R. ノージックの「最小限国家」論のように，個人の自由活動領域の最大限確保が目指される．また，コミュニタリアニズム（共同体主義）もリベラリズムに対抗する思想の一つで，個人を形成する共同体の諸文脈や歴史的な価値を追求しようとする思想である．

ソーシャル・インクルージョン (social inclusion)　ソーシャル・インクルージョンとは，社会的包摂，社会的包含を意味するキーワードである．1980 年代にヨーロッパにおいて社会問題となった外国人労働者へのソーシャル・エクスクルージョン（社会的排除）に対する施策として導入された概念であるが，現在では，社会的に排除されている人々を社会のなかに包み込み，お互いが支え合う共生社会を目指そうという考え方として理解されている．

構築主義 (constructionism)　キツセとスペクターに代表される社会問題研究の学派である．構築主義においては，社会問題を客観的な問題状況として想定していない．社会問題とは，ある状態が解決されるべき「問題」であると定義する人々の「クレイム申立て活動」によって構築されるものであり，そのクレイム申立ての外側に客観的な実体としてあるものではないとされる．

スティグマ (stigma)　E. ゴッフマンによる．もともとは古代ギリシアで奴隷や犯罪者をあらわす肉体的な刻印こと．転じて，身体上の障害や性格上の欠点，人種・民族・宗教など，ある人々が他の人々と異なることを示し，その存在によって他人の蔑視や不信を買うような望ましくない印のことをスティグマという．

当事者主権　たとえニーズを満たすために多くの他人の助けを借りようとも，「自分のニーズは自分で決める」ことができているかぎり，すなわち自分自身の人生に対する主権を行使することができるかぎり，その人は「自立」してい

るといえるのである．それが「当事者主権」という考え方である．

1. 福祉国家

(1) ニーズとは何か

　福祉ないしは社会福祉がこれほど人口に膾炙する時代にあっても，やはり社会福祉とは何かという問いに対して誰もが納得するような答えを出すことは難しい．武川によれば，日本語の「福祉」は，不特定多数ないしは一般における幸福という意味と，傷つきやすい，少数派の，特定の人々への援助という意味という両義性をもつという（武川，2011）．すなわち，日本語の福祉は，英語でいう welfare と well-being という2つの言葉の意味を併せもった両義的な概念であるといえる．Welfare には，生活上の障害や困難に対する緩和や予防，克服，そしてそうすることへの援助という，どちらかといえばネガティブなニュアンスをともなうのに対して，well-being には快適，健康，幸福な状態というようなポジティブな意味がうかがえる．

　日本における**社会福祉** (Social welfare) では，もっぱら前者のニュアンスが強調される傾向にあった．つまり，社会福祉を人々が生活上で経験するだろうさまざまな困難への対処としてとらえる視点が長い間優勢を占めていた．その是非は置いておき，その際，つまり社会福祉を人々が生活上で経験するだろうさまざまな困難への対処としてとらえる際に問題となるのが，何をもってその状態を「困難」であるとみなすのかという基準である．社会福祉学の領域においては，その基準について，**ニーズ** (needs) という概念をめぐる議論がなされてきた．

　ニーズ概念は社会福祉学の領域において特権的に用いられているものではなく，基本的欲求という意味で，心理学や経営学など幅広い学問領域で用いられる概念である．ニーズ概念はそのような一般性をもっているのであるが，社会福祉学でいうニーズは，どのような点でユニークであるといえるのだろうか．社会福祉の分野での代表的なニーズに関する議論は，J. ブラッドショーや三浦文夫などによるものであろう．

イギリスの社会政策学者であるブラッドショー（Bradshaw, J.）は，ニーズを「**自覚されたニーズ**（felt needs）」，「**表明されたニーズ**（expressed needs）」「**規範的ニーズ**（normative needs）」「**比較ニーズ**（comparative needs）」の４つに分類している．「自覚されたニーズ」とは，利用者本人がニーズやサービスの必要性に気づいている場合のニーズである．「表明されたニーズ」は，「自覚されたニーズ」が利用者によって申請行動にうつされた場合のニーズである．「規範的ニーズ」は，専門家によって設定され，判定されるニーズであり，「比較ニーズ」は，同じ特性をもっているのにそのサービスを利用している人としていない人がいる場合，利用していない人にもニーズがあるとみなすような他者との比較によって浮上してくるニーズを意味する．

一方，ニーズを中心とする福祉論を展開し，ニーズには**貨幣的ニーズ**と**非貨幣的ニーズ**があるという議論を持ち出してきた三浦文夫もまたニーズを広義，狭義の両義からとらえている．まず三浦は，ある種の状態が，ある種の目標や一定の水準から乖離の状態にある場合，これを**依存的状態**とよび，この状態を広義のニーズとしてとらえる．しかし，依存的状態があるだけでは，それを社会的ニーズと言ってしまうことは難しい．また，三浦は，その依存的状態から回復する必要がある，改善策を施す必要があると社会的に認められている場合を**要援護性**とよび，これを狭義のニーズとしてとらえている．

ブラッドショー，三浦のニーズに関する議論に共通して言えるのは，ニーズというものが個人のレベルで完結するものではなく，それが社会的な問題として対応されるべきものであるという認識であろう．ここでニーズとは，個人の主観的な観点から「必要である」と認識されるものなのではなく（個人がその必要性を認識していないニーズもありうる），専門家の観点や他者との比較から「充足されるのが望ましい」と考えられるような必要性のことを指しているのである．

また，ニーズが社会福祉サービスによって充足される際に，どのような社会福祉サービスが望ましいのか，そのあり方をめぐる議論として，普遍主義か選別主義かという論点がある．まず**選別主義**（selectivism）とは，給付やサービス

を受けるにあたって資力テスト（ミーンズ・テスト）を受け，その基準を満たすことが必須とされ，そのことによって利用者の選別を行った上でサービスを提供することである．これに対して，**普遍主義**（universalism）とは，そのような条件を付さずにサービスを提供することである．すなわち，福祉サービスを求める人がいれば，いつでも，だれでも必要な時に必要なサービスが利用できることが普遍主義であるといえる．選別主義，普遍主義，そのどちらが望ましい福祉サービスの提供のしかたであるのかは一概には言えない．それぞれに長所と短所がある．まず，選別主義に基づく社会福祉制度は，利用者にとってのデメリットを多く抱えもつ．上でも述べたように，資力テストを受けることが制度利用の条件となることから，どうしてもその利用者に対する周囲の差別や偏見を生じさせてしまう．その結果，制度を利用できる資格があってもそれを利用しない人が多くなる．また，例えば生活保護は選別主義に基づく社会福祉制度の典型的なサービスであるが，受給者が働いて賃金収入が増えれば受給が打ち切られることに加え，税金・社会保険料等を徴収されるようになるので，生活水準が生活保護受給時より低くなるという事態が生じ，これが働く意欲を殺ぎ，生活保護受給という現状に甘んじてしまう，いわゆる「貧困の罠」という現象を生じさせてしまうことになる．一方で，普遍主義に基づく社会福祉制度は，個人にとってというよりは社会システムにとってデメリットが大きい．普遍主義に基づく社会福祉制度は，サービスへのニーズがそれほど高くない所得の高い層にも受給資格が与えられるため，費用が高くついてしまい，その結果として，社会保障の所得再配分効果があまり期待できなくなるという大きな欠点を抱えている．

(2) 福祉国家と福祉多元主義

　ニーズとは何かという議論に次いで問題となるのは，ニーズの充足について，誰がどのようにして，そのようなニーズを充足すべきなのかという議論であろう．ニーズの充足に関する議論として重要なものが，福祉国家論と福祉多元主義である．

　福祉国家 (welfare state) とは，政府の行政サービスが国防や治安維持，自由
な経済活動の保障を提供するにとどまらず，雇用や医療，教育といった国民の
あらゆる生活面における保障，そして生活上さまざまな障害を抱える人に対す
る福祉サービスの提供といった多様な政策課題を実現しようと努力する国家で
ある．福祉国家は，「ケインズ－ベヴァリッジ的福祉国家」ともよばれるよう
に，中央政府が主体となって社会保障の制度化や完全雇用を目標とする経済介
入を行うことで，社会保障の国民規模での拡充を目指す国家であるともいえる．
つまり，ニーズの充足という観点から言えば，国家（中央政府）が一元的にニー
ズ充足の主体となるような体制が福祉国家なのである．

　福祉国家は，1942 年イギリスにおいて「ヴェバレッジ報告」が発表され，
その提案に示された形で戦後「揺りかごから墓場まで」とよばれる戦後の福祉
国家体制が構築され，それが次第に西欧諸国，そして日本に広まっていくとい
う形で確立する．しかし，福祉国家は離陸するやいなや危機を迎えることにな
る．1970 年代以降の国際経済における低成長期を迎え，景気後退による財政
難を理由として，あるいは，（たとえば，F. ハイエクが，自由な市場経済の優位性
を主張し，経済に対する政府の干渉は有害であるとして福祉国家を批判したように）
国家の経済や生活への過剰な介入という批判的な視点を受けて，社会福祉分野
における福祉国家的なサービス運営方式を見直そうとする動きが出てくる．い
わゆる「**福祉国家の危機**」である．たとえば，イギリスにおいては，1979 年
に誕生したサッチャー政権のもとでは，福祉国家体制の確立以降，政府が行っ
てきた社会福祉分野への政府の責任を縮小することと，同分野への市場原理を
導入することが同時に促進されていった．

　そのような状況下で提唱されるようになったのが，**福祉多元主義** (welfare
spluralism) という発想である．イギリスにおいては 1978 年のウルフェンデン
報告において明確に示された福祉多元主義とは，社会福祉サービスの供給主体
を公的部門，民間営利部門，民間非営利部門，インフォーマル部門の 4 つに分
けて考え，公的サービスの役割を重要であるとしながらも，その他の供給主体
の独自の役割にも着目し，それらを多元的に利用しようとする，また，そのよ

うにした方が効率的かつ望ましいという発想のことである.

　福祉多元主義を支える，あるいはそれと関連する議論として，準市場や福祉ミックスといった議論がある.　ルグラン（Le Grand,J.）は，新自由主義を標榜するブレア政権において，公共性の高い医療や教育の分野に市場原理を導入することで効率性と質の向上を目指す**準市場**（quasi-market）という概念を提唱した.　また，ローズ（Rose,R.）らは，社会における福祉の総量（TWS）は H（家族福祉）と M（市場福祉）と S（国家福祉）の総量であるという**福祉ミックス論**を唱えた.

　福祉多元主義については，民間営利，民間非営利などの多様な供給主体の自由な参入機会を確保すると同時に，それらの供給主体のサービスの質の確保，そして利用者の権利擁護のための公的規制やサービス供給組織の連携・調整が問題として指摘されている.　また，福祉多元主義に対しては，人々の生活保障からの国家の撤退である等の手厳しい批判も一方ではある（平岡・平野・副田，2002）.

(3) 福祉レジーム論

　福祉国家のあり方について語る時に，もう一つ忘れてはならないのが，「福祉レジーム」論であろう.　「福祉レジーム」論は，福祉国家の多様性に着目し，福祉国家を類型化することを目的としてエスピン－アンデルセン（Esping-Andersen, G.）によって提示された.

　アンデルセンは，労働者が労働を離脱しても生活水準を維持することができるかどうかを示す尺度である**脱商品化**と，その諸施策の実現によって社会階層がどれだけ固定化されているかを示す尺度である**社会的階層化**という2つの指標を用いて，福祉レジームを**自由主義レジーム**，**保守主義レジーム**，**社会民主主義レジーム**の3つに分類する.　自由主義レジームは，アングロサクソン諸国（アメリカ，イギリス）に見られる福祉国家レジームで，社会福祉の供給対象に対して選別主義という態度がとられ，ニーズの充足にあたっては個人の責任が強調され市場が重視される.　職域別の社会保険を中心としたドイツやフランスなどの大陸ヨーロッパでは保守主義レジームが見られる.　このモデルは，ニー

ズ充足において家族や共同体の役割が重視され，また，社会福祉の中心に社会
保険制度が据えられている点などに大きな特徴がある．北欧諸国（スウェーデ
ン，デンマーク）に見られる社会民主主義レジームは脱商品化が最も進んでお
り，ニーズの充足にあたっては普遍主義に基づき広範囲のニーズに対処する制
度が整備されている点に特徴がある．

(4) 規範理論

　福祉国家や福祉多元主義を論じる際に常に問題になるのが，自由と平等，あ
るいは正義といった，ニーズの充足や資源の分配の際の公正さにかかわる議論
である．社会科学においては，J. ロールズのリベラリズムに対するリバタリ
アニズム，コミュニタリアニズム，それら3者の対立構図として解釈される**規
範理論**と総称される思想系統がある．

　J. ロールズは**リベラリズム**を代表する論者である．リベラリズムとは，政
治的・経済的活動の自由を遵守しながら，活動の結果として生じる社会的不平
等を是正するという思想である．ロールズのリベラリズム思想は，その著書名
から**正義論**ともよばれている．正義論は第一原理，第二原理から構成されてい
る．第一原理とは「平等な自由の原理」で，すべての人は他者の自由を侵害し
ない限りにおいて最大限の自由を持つことができるという考えである．しかし，
現実の社会において，人は他者の自由を侵害せざるを得ない状況がままあり，
結果として不平等は生まれてしまう．そこでロールズは，どのような不平等で
あれば許容できるかと問う．その問いに対する答えが第二原理である「機会均
等の原理」及び「格差原理」である．「機会均等の原理」とは，平等な機会を
与えられた者同士が競争したことによって不平等が生じることであり，「正義
論」の中核的な概念である**格差原理**とは，「所与の制約条件で，最も不遇な人々
の期待を最大限に高める」ことを目的とする分配原理である．ロールズは，平
等な機会を与えられた者同士が競争したことによって生じた不平等が，最も恵
まれない人の利益を最大化することができる場合，不平等が許容できるとする．
すべての人々に無条件で一定額の基本所得を支給するというベーシック・イン

カム構想は，このロールズの格差原理を基礎としている．社会のなかの「平均的な人々の期待」の最大化を目指す功利主義的発想と対比される．ロールズはまた，自分自身のことをよく知っている人間は，自分の利益を確保する行動を取ろうとするため，そこに利益の偏りが生じてしまい，平等な社会は実現しないという．そのため，正義を実現するための条件について考えるための思考実験でロールズが用いたのが**無知のヴェール**という概念である．人が自分自身について無知であれば，自分の利益が何なのかを理解できないため，誰もが平等な利益配分を行うとロールズは考える．そのような無知のヴェールに包まれた個人を想定すれば，正義原則にのっとった社会が構想されるのである．

　そのようなリベラリズムに対抗する思想軸がリバタリアニズムとコミュニタリアニズムである．リベラリズムに対して，**リバタリアニズム**（自由至上主義）では，国家や共同体が財の再分配にかかわることが忌避または回避され，たとえば国家は福祉や教育から撤退し，司法・治安維持活動にのみ活動を限定すべきと唱える R. ノージックの「最小限国家」論のように，個人の自由活動領域の最大限確保が目指される．また，リベラリズムに対抗する思想の一つで，リバタリアニズムとは対極の位置にあるのが**コミュニタリアニズム**（共同体主義）であり，それは共同体の諸文脈や歴史的な価値を追求しようとする思想である．

　また，A. センもロールズの正義論を批判している．ロールズの正義論は，既に社会の中である程度の権利が認められている者を前提としているため，たとえば障害を持った人のような社会から疎外されている者は，機会の平等が与えられていないので，正義論が成り立たないとセンは指摘する．センはケイパビリティを平等に配分することが正義であるとする．**ケイパビリティ（潜在能力）**とは，「人が善い生活や人生を生きるために，選択することのできるさまざまな機能の組合せの集合」であり，単なる所得や効用を超えるものであり，選択機会と言い換えることもできる．センの潜在能力理論の特徴は，福祉を財の保有や主観的効用の観点からとらえるのではなく，「本人が価値をおく理由のある生を生きられる」かどうか，すなわち**福祉的自由**によって規定すべきだと主張する点にある．センによれば，福祉的自由とは本人の選択が外から妨げ

られないだけでなく，本人が実際に選択できること，選択することの条件を備えていることなどを要件とする自由である．

2. 社会的排除と包摂

(1) ソーシャル・エクスクルージョンと貧困

　「もうちょっと詳しくみてみよう！」で後に詳述するが，2010年前後，日本社会で問題になったのが，人々の孤立化であった．人々の社会的な人間関係が希薄化し，絆が失われてしまうことを社会学では**社会的孤立**とよんでいる．2010年前後に各種のメディアを賑わした孤独死は，社会的孤立の結果として主として高齢期において問題となるものであるが，不登校や引きこもり，ニート，非婚，子育ての孤立，介護の孤立といったように社会的孤立は人生のライフサイクルのいたるところで社会問題を生み出すことになる（藤本，2012）．

　この社会的孤立と密接な関係を持つ概念が**ソーシャル・エクスクルージョン**（social exclusion）である．ソーシャル・エクスクルージョンとは，人間が社会において基本的な政治や経済，社会活動に参加できず，社会的に排除され社会とのつながりを失った状況を指す用語である．現代社会において，人々は失業，低所得になどによって貧困やホームレス状態に陥り，そうなることを通じて社会とのつながりを失う，つまり社会的に孤立した状態に陥ると説明されている．

　貧困は，後に述べる社会学における「社会問題」研究において最も重要なテーマであり，社会福祉の歴史も，社会がいかにして貧困へ対応していくのかを大きなポイントとして展開していった（救貧法，慈善組織協会，ソーシャル・セツルメント，ナショナル・ミニマム…）．貧困においてまず問題になるのは，何を基準として貧困の状態を測るのかということであろう．

　貧困は，貧困の把握の仕方によって**絶対的貧困**と**相対的貧困**に区別される．絶対的貧困（古典的貧困）は，肉体的能率の維持に必要な必需品の絶対的不足を意味する状態で，この貧困の定義の代表的なものにラウントリー（Rowntree, B.S.）の**貧困線**（poverty line）があげられる．貧困線とは，貧困を測定する上で基準となる線のことであり，所得格差を示す指標ではない．貧困線は，19世

紀末から 20 世紀初頭にかけて，イギリス・ヨーク市における貧困調査を実施したラウントリーによって指摘された，最低生活をぎりぎり維持することができるラインのことである．ラウントリーはまた，総収入が肉体的能率を保持するための最小限度にも足りない生活状態を**第一次貧困**，もし無知や無計画などによる他の支出へのふり向けがなかったならその総収入で肉体的能率を保持することができたであろう状態を第二次貧困として規定した．これに対して相対的貧困（現代的貧困）とは，その社会を支配する社会的集団，階級等が所有する富と比較して貧しく，しかも健康で文化的な生活をするうえで必要な私的・公的諸条件が欠けている状態であり，この考えを代表するものにタウンゼント（Townsent, P.）の**相対的剥奪**がある．人が自分の置かれている状態を客観的な基準からではなく，他の人との比較においてマイナスであると感じている状態をタウンゼントは「相対的剥奪」という．貧困のラインを測定する方法としては，①マーケット・バスケット方式，②エンゲル方式，③相対的所得基準方式，④相対的剥奪測定方式（タウンゼント方式）などがあり，①②は絶対的貧困概念，③④は相対的貧困概念にもとづくものであるといえる．また，貧困線以下の者の数を把握する方法としては，ヘッド・カウント法や貧困ギャップ法，不平等を把握する方法として所得階級別所得分布や**ジニ係数**がある．ジニ係数（Gini

表 10-1　貧困率の年次推移

	昭和60年	63	平成3年	6	9	12	15	18	21	24	27
						（単位：%）					
相対的貧困率	12.0	13.2	13.5	13.8	14.6	15.3	14.9	15.7	16.0	16.1	15.6
子どもの貧困率	10.9	12.9	12.8	12.2	13.4	14.4	13.7	14.2	15.7	16.3	13.9
子どもがいる現役世帯	10.3	11.9	11.6	11.3	12.2	13.0	12.5	12.2	14.6	15.1	12.9
大人が一人	54.5	51.4	50.1	53.5	63.1	58.2	58.7	54.3	50.8	54.6	50.8
大人が二人以上	9.6	11.1	10.7	10.2	10.8	11.5	10.5	10.2	12.7	12.4	10.7
						（単位：万円）					
中央値 (a)	216	227	270	289	297	274	260	254	250	244	245
貧困線 (a/2)	108	114	135	144	149	137	130	127	125	122	122

注 1）平成 6 年の数値は，兵庫県を除いたものである．
　　2）平成 27 年の数値は，熊本県を除いたものである．
　　3）貧困率は，OECD の作成基準に基づいて算出している．
　　4）大人とは 18 歳以上の者，子どもとは 17 歳以下の者をいい，現役世帯とは世帯主が 18 歳以上65 歳未満の世帯をいう．
　　5）等価可処分所得金額不詳の世帯員は除く．

coefficient）はイタリアの統計学者ジニ（Gini, C.）が考案したもので，所得のような計量可能な変数の偏りをあらわし，所得分配の格差や不平等度を数値化してあらわすときに用いられる．ジニ係数の最小値は 0 で，配分が完全に平等な状態をあらわしている．ジニ係数の値が大きくなればなるほど所得の分配が不平等だということになり，最大値である 1 は所得配分が完全に特定の層に集中している状態を意味する．

　また，格差の議論においてよく用いられる指標が**貧困率**（相対的貧困率）である．貧困率は OECD の算出基準に基づいて算出するものであり，等価可処分所得の中央値の半分である「貧困線」に満たない世帯員の割合であり，平成27 年では，貧困線が 122 万円，貧困率が 15.7% となっている．

(2) 排除と包摂，社会的孤立とそこからの脱却

　わたしたちはどうすれば，社会的孤立やソーシャル・エクスクルージョンを乗りこえることができるのか？　それを考えるための手掛かりとなる概念がソーシャル・インクルージョンやノーマライゼーションであろう．

　ソーシャル・インクルージョン（social inclusion）とは，社会的包摂，社会的包含を意味するキーワードである．1980 年代にヨーロッパにおいて社会問題となった外国人労働者へのソーシャル・エクスクルージョンに対する施策として導入された概念であるが，現在では，社会的に排除されている人々を社会のなかに包み込み，お互いが支え合う共生社会を目指そうという考え方である．

　また，**ノーマライゼーション**は，もともと 1950 年代にデンマークで起こった知的障害者の親の会による収容型施設から子どもたちを地域社会に帰す運動である．ノーマライゼーションの父と称されるバンク－ミケルセン（Niels Erik Bank-Mikkelsen）は，ノーマライゼーションを「障害のある人々に，障害のない人々と同じ生活条件をつくりだすこと」と定義している．また，スウェーデンのニィリエ（Nirie, B.）は，ノーマライゼーションを「すべての知的障害者の日常生活の様式や条件を，社会の普通の環境や生活方法にできるだけ近づけることを意味する」と定義し，①一日のノーマルなリズム，②一週間のノーマ

ルなリズム，③一年間のノーマルなリズム，④ライフサイクルでのノーマルな経験，⑤ノーマルな要求の尊重，⑥異性との生活，⑦ノーマルな経済的基準，⑧ノーマルな環境基準という**ノーマライゼーションの八つの法則**を提示した.

　アメリカのヴォルフェンスベルガー（Wolfenseberger, W.）は，アメリカやカナダでノーマライゼーション概念を紹介しつつも，ノーマライゼーション理念の刷新を目指し「社会的役割の実現」概念を提唱する．ヴォルフェンスベルガーは，障害者など「社会的に価値を引き下げられている人々」が保護や哀れみの対象とされるのではなく，社会的意識の面で一般市民と対等な立場とする事がノーマライゼーションの目指すべきことであると考えた.

3.　社会問題と構築主義

　社会学には伝統的に**社会問題**研究という分野がある．あるいは社会病理研究，または逸脱研究とよばれるこの分野では，伝統的には先にふれた貧困や失業，犯罪や非行，自殺を，現代においては差別やいじめ，離婚，虐待，ひきこもりやニートといった「問題」を発見し，その解決に取り組んでいくことを社会学は重要課題としてきた.

　そのような「問題」を発見し解決しようとする学問は何も社会学に限られない．例えば，自殺や少年非行などの「問題」は心理学などの学問領域においても，そのメカニズムの解明や問題解決について多くの努力が払われてきたといえる．しかし，社会学においては，そのような問題を個人的なレベル（たとえば個人的な心理状態）からとらえようとするのではなく，社会的な文脈から説明しようとする点にその大きな特徴がある．例えばデュルケーム（Durkheim, É.）は，社会学の古典ともよびうる『**自殺論**』の中で，もっぱら心理的な要因から説明されることが多かった自殺現象を，集団の凝集性や**アノミー**といった社会的要因から説明することに成功した．デュルケーム以降，社会学では，社会問題を「社会」の産物としてとらえ，社会全体でその問題を解決しようという視点を示してきた.

　しかし，社会学は社会問題を「社会」の産物としてとらえると言ってはみた

ものの，それでもまだ大きな疑問が残っている．それは何をもってその現象を，社会問題とみなすのかという判断基準の問題である．後にふれるスペクターとキツセは，その判断基準が２つあることを指摘している（中河，1999）．それは「機能による定義」と「規範による定義」である．

「機能による定義」は，第６章でもふれたマートン（Merton, R.K.）の**機能主義**的な分析がその典型であるが，社会秩序の維持や社会が掲げる目標にとって「逆機能」となるような現象が社会に広く見られる場合を「社会問題」とみなすものである．もっとわかりやすくいえば，社会に混乱を招くような，あるいは社会の正常な働きを妨げるような現象が蔓延している場合，それが「社会問題」であるという解釈である．

もう一つの「規範による定義」は，人々が「こうあるべきだ」という社会規範に照らして逸脱的だとみなされるような行為や状態を「社会問題」ととらえる定義である．第９章で説明したラベリング理論は，この基準を前提としている．H.S. ベッカー，E. レマートらが指摘する，「人が逸脱者というレッテルを貼られるのは，その逸脱行為の故にというよりも，社会的マジョリティによって定められた同調・逸脱に関するルールが恣意的に適用されたためである．したがってこのラベルは社会的弱者（マイノリティ）に適用されやすい」というラベリング理論では，社会の中で支配的な位置にあるグループが自らがもつ価値にもとづいて規則を設定し，規則を執行することを通じて，自らの規範的基準を他のグループ，多くの場合，そのグループに属する人びとほど支配力をもっていない人々に押しつけることによって「問題（逸脱）」を生み出すとされるのである．

以上の社会問題の定義に対して，キツセ（Kitsuse, J. I.）とスペクター（Spector, M. B.）は，また別の見解を示している．ラベリング理論では，規則違反行動そのものを「問題」視するのではなく，規則を設定し，規則違反行動を統制していく側のリアクションこそが逸脱を生み出すのだとされる．キツセとスペクターの**構築主義**では，この点がさらに推し進められている．構築主義においては，社会問題を客観的な問題状況として想定していない．社会問題とは，ある

状態が解決されるべき「問題」であると定義する人々の「クレイム申立て活動」によって構築されるものであり，そのクレイム申立ての外側に客観的な実体としてあるものなのではないとされる（キッセ・スペクター，1990）．例えば，今われわれが問題視するような「児童虐待」は1990年より前に，「児童虐待」として問題視されていたわけではない．親が，あるいはその他の子どもの監護者が，自身が監護する子どもに対して暴力をふるったり育児放棄したりすることは，もちろんどの社会においても，歴史のどの局面をとってみても頻々として起こってきたことであろう．しかし，「児童虐待」を解決すべき問題として定義し，それに対するクレイム申立てが行われた結果として児童虐待防止法が成立施行されるまでは，それを「児童虐待」として問題視するような視点がこの日本社会にはなかったのである．

4. 当事者主権へ

　話を社会福祉に戻すが，20世紀後半にパラダイムシフトが起こるまで，社会福祉の対象者は，医療の対象者である「病人」も含めて，弱者であるとされてきた．社会福祉の対象者をそのような存在として扱う背景にあるのが，**医学モデルやパターナリズム**という考え方である．医学モデルとは，福祉あるいは医療サービスの利用者の，治療すべき病理や疾病，改善すべき欠陥や問題などに焦点を当てるものである．そこでは，利用者は"弱者"と位置付けられ，病院や施設の監視下，または，医師や看護師，ソーシャルワーカーの管理や操作下に置かれるのが当然であると考えられる．

　また，そうであればこそ，パターナリズムの考え方がまかり通っていたのだといえる．パターナリズム（父権主義，温情主義）とは，たとえば当該個人が通常の判断能力を欠くなど，必ずしも最良の判断者であるとはいえない場合，賢明な第三者が本人に代わって正しい判断をすべきであるという考え方のことである．ところが，ソーシャルワーカーがクライエントを保護・救済の対象と考えること，あるいはそのような考えにもとづいたソーシャルワーカーの実際の介入（援助）が，クライエントの自己決定権を侵してしまうということになら

ないだろうか.

　社会福祉の対象者, 典型的には身体的な障害を抱える人々に対するそのような社会の対応 (医学モデルやパターナリズム) は, 近代的個人主義における「自立」概念と大きく関係していると, 後に述べる『当事者主権』のなかで中西・上野は指摘する. 近代個人主義における「自立」とは, 他人の世話にならず単独で生きてゆくことであり, とりわけ身辺自立と経済的自立は自律した「個人」であるためには必須の要件であった. この点から, 身辺自立や経済的自立が困難な＜障害者＞は「自立」困難な存在として扱われてきた. また, 障害者は「自立」困難な存在として扱われるだけではなく, そのような存在であるというスティグマ (stigma) を自ら抱え込んでしまうことにもなる. スティグマとは, もともとは古代ギリシアで奴隷や犯罪者をあらわす肉体的な刻印ことであり, 現代では汚名や恥辱をあらわす言葉として一般的にも用いられている. ゴフマン (Goffman, E.) は, このスティグマという用語を, 身体上の障害や性格上の欠点, 人種・民族・宗教など, ある人々が他の人々と異なることを示し, その存在によって他人の蔑視や不信を買うような望ましくない印, 社会的烙印という意味で用いている. スティグマは優位な立場にあるものが劣位な立場にあるものに押しつける否定的な評価であり, それが差別や偏見を生み出すだけでなく, それを正当化し, スティグマを押しつけられた当事者にも自らその否定的な評価を信じこませてしまう.

　さらに, 障害者であるという位置づけは, ラベリング理論の視点からも説明することができる. ラベリング理論とは,「人が逸脱者というレッテルを貼られるのは, その逸脱行為の故にというよりも, 社会的マジョリティによって定められた同調・逸脱に関するルールが恣意的に適用されたためであり, よってそのラベルは社会的弱者 (マイノリティ) に適用されやすい」というものであった. 非障害者である専門家によって障害が定義され〈障害者〉の規則が設けられる. その規則に則して, 障害者に対して等級がつけられ, 非障害者となるべく統制が行われ (リハビリや治療についての方針が立てられ, それに従うよう動機づけられる…), これが適切だと考えるライフスタイル (施設収容) が押しつけ

られてきたのである．すなわち，ラベリング理論に従えば，障害者というカテ
ゴリー，障害があるという状態は，非障害者すなわち〈健常者〉がルールを設
定し，それをある状態の人々が適用することで作り出されたものであるという
ことができるだろう．

　しかし，近年，医療福祉の世界において「キュア（cure）からケア（care）へ」
と治療や介護の関心が移行していったことにともない，福祉サービスの利用者
に対する位置づけも先述した「医療モデルから生活モデルへ」と変更を余儀な
くされつつある．**生活モデル**とは，"施設から地域・在宅へ"といったノーマ
ライゼーションの根本的な理念にもとづいて在宅援助の理念が医療及び福祉施
策の中心となりつつある現在，地域や家庭での生活が成り立つためには，利用
者の能力やQOL，自主性を尊重した医療，援助になるべきであるという考え
である．

　利用者の自主性が尊重されるためには何が必要となるだろうか？　それを実
現するための概念がエンパワメント（empowerment）やアドボカシー（advocacy）
であろう．**エンパワメント**とは，利用者が自己決定能力や社会的・経済的・法
的な力を獲得することをいう．ソーシャルワーカーの視点から言えば，ニーズ
の判定やサービスの選択などにおいて，利用者の選択・同意・参加をワーカー
が促進することや，何らかの原因で自己決定能力が低下した人でも，それが代
理・擁護されるように利用者の権利を強化することを意味する．のみならず，
エンパワメントは，そうすることによって利用者の意識や態度の変革をも促そ
うとする，教育的・啓発的な概念なのである．これに対して**アドボカシー**とは，
高齢者，障害者，子どもなど，立場が弱く自らの意思を表明することが困難な
利用者の意思を，援助者が代弁することである．同時に，行政やサービスの供
給主体，あるいは社会制度などに対して，本人の権利を擁護していくさまざま
な活動をも含むのがアドボカシーである．いずれも利用者の自主性に重きを置
く概念であるが，「生活モデル」においてもう一つ重要になってくるのが，福
祉サービス利用者の「自立」性であろう．

　どのようにすれば，福祉サービスの利用者，あるいは障害者の「自立」を確

保することができるのか？　あるいはそもそも彼らにとっての「自立」とは何を意味するのか？　その答えのある方向を指す重要なキーワードに，障害者の自立生活運動から生まれた当事者主権という考え方がある．**自立生活運動**（IL, IndependentLiving Movement）は，1970年代にアメリカで始まった．肉体的あるいは物理的に他人に依存しなければならない重度障害者が自己決定権を行使することで，地域社会の中で主体的に生活できる条件を獲得していこうとする運動である．この運動の意義は，「ADLからQOLへ」という言葉で言い表されている．つまり，障害者の「自立」を身辺自立という狭い視点からとらえるのではなく，他者から援助を受けながら自立した生活を営むことができる依存的自立を障害者の自立としてとらえる視点を提供したことである．この障害者生活自立運動の意義をさらに掘り下げたのが，中西・上野による**当事者主権**という考え方である．

　それまで「当事者」という言葉には，障害者や高齢の要介護者を「問題をかかえた人々」とみなす含意があった．しかし，中西・上野は，当事者を「ニーズを持った人々」と定義し直すことで，その意義を反転させるのである．社会福祉学における最重要概念の一つであるニーズ（必要）は，先に確認したように，ある基準を下回る状態，すなわち欠乏や不足を意味するものとして理解されている．中西・上野は，「私の現在の状態を，こうあってほしい状態に対する不足ととらえて，そうではない新しい現実をつくりだそうとする構想力を持ったときに，はじめて自分のニーズとは何かがわかり，人は当事者になる」という．そして，またそのような当事者だけが社会のあり方を変えることができるという．中西・上野はその点について以下のように説明している．

　脊椎損傷で下半身不随になり，移動のために車椅子を使っている人がいるとしよう．私たちの社会は，この人を，中途障害者と呼び，障害者手帳を交付するが，もしありとあらゆる交通機関にエレベーターのアクセスがあり，街の中に段差がなければ，この人は移動に何の「障害」も感じないのに違いない（中西・上野，2003:9）．

　中西・上野は，「障害」や「職業と家庭の両立」のような問題は「ある」のではなく「つくられる」のだという．なぜなら，社会の仕組みやルールが変われば，今「問題」であることも問題ではなくなる可能性があるからだ．つまり，〈障害者〉に「障害」や「問題」を抱え込ませるのは社会の仕組みであるといってよい．問題を生み出す社会に適応しがちな，あるいは世の中を「こんなものさ」と受け入れがちな非障害者はそのことにはなかなか気づけない．そのことに気づくことができるのは，障害を「こうあってほしい状態」に対する不足，すなわちニーズとしてとらえることのできる障害者だけなのである．

　また，中西・上野の指摘によれば，障害者自立生活運動は，「自立」という概念におけるパラダイムシフトにも大きな貢献をしたという．近代個人主義的な「自立」の考え方では，「自立」とは単独で，他人の世話にならずに生きていくことである．この考え方からすれば，24 時間介助を要するような障害者の「自立」は到底不可能である．しかし，障害者に限らず，どんな人間でも他人によってニーズを満たしてもらわなければ生きてはいけない．われわれは多かれ少なかれ他人に支えられて生きているのであり，他人の助けを借りなければならないから「自立」していないとは断言できないだろう．障害者や高齢者，あるいは女性，子ども，性的マイノリティなどは，「私のことは私が決める」というもっとも基本的なことを奪われてきた人たちでもある．たとえニーズを満たすために多くの他人の助けを借りようとも，「自分のニーズは自分で決める」ことができているかぎり，すなわち自分自身の人生に対する主権を行使することができるかぎり，その人は「自立」しているといえるのである．それが「当事者主権」という考え方である．

◆◆もうちょっと詳しくみてみよう！◆◆
◆無縁社会と孤独死
　2010 年に NHK が「無縁社会」を特集した番組を放映し，大反響をよんだ．日本社会は伝統的に，親族や地域社会，会社などの集団組織を通じて濃密な人間関係が形成されてきた（とされる）．こうした血縁，地縁，社縁などと呼ばれ

る「関係」は，この関係性にからみとられる人々にとって，しがらみともなる
が，その一方で安定的な相互扶助システムとして機能してきた．

　NHK のその番組が視聴者を驚愕させたのは，そのような関係が今の日本に
はない，あるいは関係はかろうじて残っていたとしても，それは希薄化し，失
われつつあることをわれわれにあらためて突きつけたからである．すなわち，
血縁，地縁，社縁を他者と取り結ぶことなく生きる人が増えているというの
だ．NHK のその番組では，隣近所から気づかれることのない孤独死，仕事か
らリタイアした後，家族からも地域社会からも孤立して高齢期を生きる人の孤
独が取り上げられていた．その番組で取り上げられていた孤独死する人，孤独
を生きる高齢者の多くは，結婚という選択しなかった人，あるいは結婚して配
偶者や子どもがいても，家族との絆が切れ，一人で生きることを選択した人
であった．また，その家族を持たず一人で生きている人の多くは，どの時点か
において，隣近所や仕事とのつながり（地縁や社縁）を欠いてしまった人々でも
ある．「無縁社会」という番組がわたしたちに突きつけたのは，1) 現代の日本
社会においては，血縁，地縁，社縁という，少し前の時代を生きていた人々が
自然に他者との間につけていた「つながり」を簡単に取り結ぶことができなく
なってきているということ，そして 2) 血縁，地縁，社縁というつながりをす
べて欠いてしまった場合に私たちに待っているのは孤独な，凄惨とでもいうべ
き死（死後，何週間，何か月も発見されない，遺骨を引き取る人がいない…）である
という 2 つの現実である．

　そもそも孤独死が本当に悲惨な死なのか否かという議論は置いておくが，も
し，その人に家族がいなくても，隣近所や職場において人間関係がしっかりと
取り結ばれているのであれば，その人が死んだあと何週間も発見されないとい
うことはないはずである．あるいは，家族もなく，地縁，職縁もおなじように
絶たれているとしても，その人が介護保険サービスのような諸々の福祉サービ
スの利用者であるならば，やはり死後何週間も発見されないということはない
だろう．未婚化が進み，家族関係がコミュニティにおける人間関係が希薄化し
ているといわれる現在，わたしたちはもう一度「孤独」死の意味と，それを未

然にふせぐための方策とを真剣に考えなければならないだろう.

◆◆さあ，考えてみよう！◆◆

Q1. 「機能による定義」と「規範による定義」で社会問題を抽出する場合，それぞれ何がネックとなるのか，議論してみましょう.

Q2. 孤独死を未然に防ぐためにはどのような方策をとるのがよいと考えられるか？「福祉多元主義」という視点から考察してください.

引用・参照文献

◆第1章
船津衛，2000年，『ジョージ・H・ミード―社会的自我論の展開―』東信堂
上野千鶴子（編），2005年，『脱アイデンティティ』勁草書房
鷲田清一，1995年，『ちぐはぐな身体―ファッションって何―』筑摩書房
鷲田清一，2004年，『着飾る自分，質素な自分』KTC中央出版

◆第2章
Ritzer, G.（正岡寛司監訳），1999年，『マクドナルド化する社会』早稲田大学出版部

◆第3章
Ariès, P.（杉山光信・杉山恵美子訳），1981年，『〈子供〉の誕生』みすず書房
広田照幸，1996年，「家族―学校関係の社会史―しつけ，人間形成の担い手をめぐって―」『岩波講座現代社会学12　子どもと教育の社会学』岩波書店
河原和枝，1998年，『子ども観の近代―『赤い鳥』と「童心」の理想―』中央公論社（中公新書）
目黒依子，1987年，『個人化する家族』勁草書房
宮本みち子・岩上真珠・山田昌弘，1997年，『未婚化社会の親子関係―お金と愛情にみる家族のゆくえ―』有斐閣（有斐閣選書）
野沢慎司，1999年，「家族研究と社会的ネットワーク論」野々山久也・渡辺秀樹（編）『家族社会学入門』文化書房博文社
野沢慎司，2009年，『ネットワーク論に何ができるか―「家族・コミュニティ問題」を解く―』勁草書房
庄司洋子，2002年，「家族・児童福祉の視座」庄司洋子・松原康雄・山縣文治（編）『家族・児童福祉』有斐閣
魚住明代，2010年，「オルタナティブ家族」増子勝義編著『21世紀の家族さがし』学文社
山田昌弘，1994年，『近代家族のゆくえ―家族と愛情のパラドックス―』新曜社
山田昌弘，1997年，「援助を惜しまない親たち―「子どものために」イデオロギーの形成」宮本みち子・岩上真珠・山田昌弘『未婚化社会の親子関係―お金と愛情にみる家族のゆくえ―』有斐閣（有斐閣選書）
山田昌弘，1999年，『パラサイト・シングルの時代』筑摩書房（ちくま新書）
山田昌弘，2001年，『家族というリスク』勁草書房
山田昌弘（編著），2010年，『「婚活」現象の社会学―日本の配偶者選択のいま―』

◆第4章
浅川達人・玉野和志，2010年，『現代都市とコミュニティ』放送大学テキスト

北田暁大，2002 年，『広告都市・東京―その誕生と死―』廣済堂出版

Lin, N.（筒井淳也他訳），2008 年，『ソーシャル・キャピタル―社会構造と行為の理論―』ミネルヴァ書房

西澤晃彦，2000 年，「郊外という迷宮」町村敬志・西澤晃彦『都市の社会学―都市がかたちをあらわすとき―』有斐閣（有斐閣アルマ）

小田光雄，1997 年，『〈郊外〉の誕生と死』青弓社

奥田道大，1993 年，『都市型社会のコミュニティ』勁草書房

◆第5章

新川明，1971 年，『反国家の兇区―沖縄・自立への視点』社会評論社

福井憲彦，1996 年，「国民国家の形成」『岩波講座現代社会学 24　民族・国家・エスニシティ』岩波書店

鹿野政直，1987 年，『戦後沖縄における思想像』朝日新聞社

北田暁大，2005 年，『嗤う日本の「ナショナリズム」』日本放送出版協会（NHK ブックス）

仲里効，2012 年，『悲しき亜言語帯―沖縄・交差する植民地主義―』未來社

岡本恵徳，1981 年，『現代沖縄の文学と思想』沖縄タイムス社（タイムス選書 12）

大城立裕，1972 年，『同化と異化のはざまで』潮出版社

朴一，1999 年，『〈在日〉という生き方―差異と平等のジレンマ―』講談社選書メチエ

鈴木智之，2010 年，「始まろうとしない「戦後」の日々を―大城貞俊『G 米軍野戦病院跡辺り』（2008 年）における「沖縄戦の記憶」の現在―」加藤宏・武山梅乗（編）『戦後・小説・沖縄』鼎書房

山内昌之，1996 年，「ネーションとは何か―日本と欧米の非対称性―」『岩波講座現代社会学 24　民族・国家・エスニシティ』岩波書店

◆第6章

Beck, U.（東廉・伊藤美登里訳），1998 年，『危険社会―新しい近代への道―』法政大学出版局

舩橋晴俊，1993 年，「環境問題と地域社会―社会的ジレンマ論の視点から―」蓮見音彦・奥田道大（編）『21 世紀日本のネオ・コミュニティ』東京大学出版会

平岡義和，1993 年，「開発途上国の環境問題」飯島伸子（編）『環境社会学』有斐閣（有斐閣ブックス）

梶田孝道，1988 年，『テクノクラシーと社会運動』東京大学出版会

木村邦博，1991 年，「オルソン問題」盛山和夫・海野道郎（編）『秩序問題と社会的ジレンマ』ハーベスト社

丸山徳次，1998 年，「文明と人間の原存在の意味への問い―水俣病の教訓―」加藤尚武（編）『環境と倫理―自然と人間の共生を求めて―』有斐閣（有斐閣アルマ）

海野道郎，1993 年，「環境破壊の社会的メカニズム」飯島伸子（編）『環境社会学』

有斐閣（有斐閣ブックス）

山岸俊男，2000 年，『社会的ジレンマ―「環境破壊」から「いじめ」まで―』PHP
　　研究所

◆第 7 章

浅野千恵，1996 年，『女はなぜやせようとするのか―摂食障害とジェンダー―』勁草
　　書房

電通報「LGBT JAPAN 2020 ～レインボーカンパニーへの道 No.1　今，企業が LGBT
　　に着目する理由とレインボー消費（2015/09/07，阿佐見綾香）（https://dentsu-ho.com/
　　articles/3028）2020.1.10 閲覧

小浜逸郎，2001 年，『「男」という不安』PHP 研究所

小谷野敦，1999 年，『もてない男―恋愛論を超えて―』筑摩書房（ちくま新書）

荻野美穂，1996 年，「美と健康という病―ジェンダーと身体管理のオブセッション―」
　　『岩波講座現代社会学 14　病と医療の社会学』岩波書店

◆第 8 章

Becker, H. S.（村上直之訳），1978 年，『アウトサイダーズ―ラベリング理論とはなに
　　か―』新泉社

徳岡秀雄，1987 年，『社会病理の分析視角―ラベリング論・再考―』東京大学出版会

橘外男，1955 年，『私は前科者である』新潮社

石井小夜子・坪井節子・平湯真人，2000 年，『少年法・少年犯罪をどう見たらいいの
　　か―「改正」，厳罰化は犯罪を抑止しない―』明石書店

◆第 9 章

Baudrillard, J.（今村仁司・塚原史訳），1979 年，『消費社会の神話と構造』紀伊國屋
　　書店

正村俊之，1991 年，「近代の行方―資本主義が近代を変容させるとは―」吉田民人
　　（編）『社会学の理論でとく現代のしくみ』新曜社

見田宗介，1996 年，『現代社会の理論―情報化・消費化社会の現在と未来―』岩波書
　　店（岩波新書）

◆第 10 章

藤本健太郎，2012 年，『孤立社会からつながる社会へ―ソーシャルインクルージョン
　　に基づく社会保障改革―』ミネルヴァ書房

平岡公一・平野隆之・副田あけみ（編），1999 年，『社会福祉キーワード』有斐閣

中河伸俊，1999 年，『社会問題の社会学―構築主義アプローチの新展開―』世界思想社

中西正司・上野千鶴子，2003 年『当事者主権』岩波新書

武川正吾，2011 年，『福祉社会［新版］―包摂の社会政策―』有斐閣

索　引

[著者紹介]

たけやまうめのり
武山梅乗

現　職　駒澤大学非常勤講師.
1968 年宮城県石巻市生まれ.
明治学院大学大学院社会学研究科社会学専攻博士後期課程単位取得満期退学.
主要業績　『社会学の扉をノックする』(共著：学文社, 2009 年),『戦後・
　　　　　小説・沖縄―文学が語る「島」の現実―』(共編著：2010 年,
　　　　　鼎書房),『不穏でユーモラスなアイコンたち―大城立裕の文学
　　　　　と〈沖縄〉―』(単著：2013 年, 晶文社) など. 東日本大震災以
　　　　　降は「園芸福祉」に目を向け, その「新しい社会運動」として
　　　　　の重要性に着目しながら, 主に神奈川県, 京都府, 広島県呉市
　　　　　などでフィールドワークを継続している.

各駅停車　社会学行

2020 年 3 月 30 日　第一版第一刷発行

著　者　武山梅乗
発行所　株式会社 学文社
発行者　田中千津子

東京都目黒区下目黒 3-6-1　〒 153-0064
電話 03 (3715)1501　振替 00130-9-98842

乱丁・落丁は, 本社にてお取替え致します.
定価は, カバー, 売上カードに表示してあります.
印刷所　新灯印刷　　　　　　　　検印省略

ISBN978-4-7620-2992-9